*O espírito da
filosofia oriental*

COLEÇÃO A OBRA-PRIMA DE CADA AUTOR

HUBERTO **ROHDEN**
*O espírito da
filosofia oriental*

3ª edição

© *Copyright* desta edição: Editora Martin Claret Ltda., 1981.

Direção Martin Claret
Produção editorial Carolina Marani Lima
Flávia P. Silva
Direção de arte e capa José Duarte T. de Castro
Diagramação Giovana Gatti Leonardo
Ilustração de capa Fluidworkshop / Shutterstock
Revisão Carla Raiter Paes
Impressão e acabamento Renovagraf

A ortografia deste livro segue o
Novo Acordo Ortográfico da Língua Portuguesa

Dados Internacionais de Catalogação na Publicação (CIP)
(Câmara Brasileira do Livro, SP, Brasil)

Rohden, Huberto, 1893-1981.
O Espírito da filosofia oriental / Huberto Rohden. — 3. ed. — São
Paulo: Martin Claret, 2013. — (Coleção a obra-prima de cada autor; 286)

"Texto integral"
ISBN 978-85-7232-743-5

1. Filosofia oriental I. Título. II. Série.

13-02633 CDD-181

Índices para catálogo sistemático:

1. Filosofia oriental   181

EDITORA MARTIN CLARET LTDA.
Rua Alegrete, 62 – Bairro Sumaré
01254-010 – São Paulo, SP
Tel.: (11) 3672-8144
www.martinclaret.com.br
2ª reimpressão – 2016

Sumário

Advertência 7
Prefácio do Editor 9

O espírito da filosofia oriental

O objeto da verdadeira Filosofia 13
Para compreender a filosofia oriental 17
A Filosofia é aplicável à vida? 27
O real, o irreal e os realizados 37
Brahman, Atman, Maya, Nirvana 45
Brahman é Sat, Chit, Ananda 57
Brahman e suas formas humanas 61
Aum — o Brahman impersonal e personal 69
Consequências éticas da metafísica de Brahman
 imanente e transcendente 77
Vida após a morte, reencarnação material e
 renascimento espiritual 81
O fascínio do nirvana — integração ou diluição
 do eu? 87
O ego personal e o eu individual do homem 93
Pensamentos são forças poderosas 101
Unipolaridade, o segredo da força 107
Função restritiva da consciência físico-mental
 do ego 119

Auxílios físicos para a meditação 123
Cruzando a fronteira entre dois mundos —
 da consciência físico-mental à consciência
 espiritual 131
Diversos tipos de ioga e sua função na vida
 humana 143
Que é Kriya-Ioga 151
Função biológica dos chakras 155
Kriya - Ioga e o Evangelho 167
Dados biográficos 177
Relação de obras do Prof. Huberto Rohden 181

Advertência

A substituição da tradicional palavra latina *crear* pelo neologismo moderno *criar* é aceitável em nível de cultura primária, porque favorece a alfabetização e dispensa esforço mental — mas não é aceitável em nível de cultura superior, porque deturpa o pensamento.

Crear é a manifestação da Essência em forma de existência — *criar* é a transição de uma existência para outra existência.

O Poder Infinito é o *creador* do Universo — um fazendeiro é um *criador* de gado.

Há entre os homens gênios *creadores*, embora não sejam talvez *criadores*.

A conhecida lei de Lavoisier diz que "na natureza nada se *crea* nada se aniquila, tudo se transforma"; se grafarmos "nada se *crea*", esta lei está certa, mas se escrevemos "nada se *cria*", ela resulta totalmente falsa.

Por isto, preferimos a verdade e a clareza do pensamento a quaisquer convenções acadêmicas.

Prefácio do Editor

Este livro ora em nova edição, modificada, focaliza o espírito da filosofia oriental, sobretudo da Índia, cujo caráter é principalmente intuitivo, em oposição à filosofia ocidental, de preferência intelectiva.

Devido ao caráter introvertido da filosofia oriental, pode ela preparar o caminho para a concentração e a meditação.

A extroversão pode ser representada por zeros: 0000000, ao passo que a introversão se assemelha ao valor 1. Se antepusermos 1 aos zeros, valorizamos estes, e teremos o símbolo da filosofia integral ou univérsica: 1000000.

Muitos orientais têm a tendência natural de se isolarem no Eu central, em oposição a certos ocidentais, que se dispersam nas nulidades do ego periférico.

Este livro enfoca sobretudo a realidade central do espírito, explicando o sentido de Brahman, Atman, Samsara, Nirvana, Integração do Eu, Cosmomeditação, diversos tipos de Ioga,* consagrando capítulos ao mistério do Kriya-Ioga, etc.

O leitor desejoso de aprofundar esse assunto fará bem em estudar outros livros, como *Bhagavad*

---

* Em sânscrito "Yoga" é termo masculino — o Yoga; em português, Ioga, é termo feminino — a Ioga. (N. E.)

Gita, *Tao Te Ching*, *Quinto Evangelho*, que dão explicações ulteriores aos temas básicos tratados neste livro.

O velho adágio *ex oriente lux* (do oriente vem a luz) é exato, se por oriente entendemos não só o Oriente longínquo (Índia, China, Japão), mas também o Oriente próximo da Palestina, onde nasceu o Evangelho do Cristo, a mais profunda filosofia do homem integral.

O espírito da filosofia oriental

(Terceiro volume da obra Filosofia universal —
o drama milenar do Homem em busca da verdade integral)

O objeto da verdadeira Filosofia

Todos os grandes filósofos, de todos os tempos e países, consideram o homem como sendo o objeto central da filosofia. A verdadeira filosofia é essencialmente *antropocêntrica* e não *cosmocêntrica*.

A célebre frase *ánthropos métron pánton* (o homem é a medida de todas as coisas) resume, em sua concisão lapidar, essa grande verdade.

Infelizmente, ainda em nossos dias, filósofos repetem o velho erro de que o objeto precípuo da filosofia seja o mundo objetivo fora de nós. Verdade é que também alguns pensadores da Antiguidade, como Tales de Mileto e alguns outros do mesmo período, tentaram fazer do *kósmos* o escopo das suas cogitações filosóficas; mas a filosofia helênica, sobretudo com o advento da escola socrático-platônica, reconheceu o erro dessa ideologia e enveredou resolutamente pelo caminho do antropocentrismo.

Daí por diante, com raras exceções, o conhecimento do homem integral é considerado objeto precípuo, ou mesmo exclusivo, da filosofia. A conhecida inscrição no templo de Delfos *gnôthi seautón* (conhece-te a ti mesmo) sintetiza, em duas palavras, essa profunda sabedoria.

Os pensamentos eternos de Hermes Trismegisto (o "Thot" do antigo Egito), cerca de dois mil anos antes de Cristo, giram de preferência em torno do homem, investigando o seu *quê* e *porquê*, o seu *donde* e *para onde*. A filosofia da Índia, e do Oriente em geral, é cem por cento antropocêntrica, gravitando inteiramente em torno do *sujeito*, a ponto de se esquecer, até demasiadamente, dos *objetos*.

Quem conhece o Evangelho do Cristo não pode deixar de se convencer de que o Nazareno proclama uma filosofia profética totalmente antropocêntrica, compendiada nas palavras: "O que aproveita ao homem ganhar o mundo inteiro, se chegar a sofrer prejuízo em sua própria alma?" Verdade é que o antropocentrismo de Jesus — como, aliás, de todos os grandes mestres espirituais da humanidade — é, ao mesmo tempo e por isso mesmo, teocêntrico, porque a quintessência do homem é Deus: "O reino de Deus está dentro de vós", "procurai em primeiro lugar o reino de Deus e sua justiça..."

Fazer do mundo objetivo o escopo da filosofia é identificar a suprema *sophia* (sabedoria) com a ciência. A ciência, criada pelo intelecto analítico, ocupa-se com o mundo dos *objetos externos* — ao passo que a sabedoria, ou filosofia, filha da razão, gira em torno do mundo do *sujeito interno*.

Bem diz Einstein no seu livro *Aus meinen spaeten Jahren* (Dos meus últimos anos): A ciência descobre os fatos objetivos da natureza, mas a filosofia realiza os valores subjetivos dentro do homem.

A ciência torna o homem *erudito* — ao passo que a filosofia torna o homem *sábio*. Ninguém é bom por ser simplesmente um cientista erudito — mas o verdadeiro sábio ou filósofo é um homem bom e feliz. O fim supremo da verdadeira filosofia é tornar o homem sábio, bom e feliz.

* * *

Com isso, porém, não afirmamos que a filosofia oriental tenha realizado o ideal supremo da humanidade pensante. Ela é, e sempre foi, por demais unilateral, puramente espiritual, subjetiva. Não soube, em grande escala, permear de espiritua- lidade sadia as materialidades da vida humana. Em vez dessa permeação, a filosofia oriental procura ignorar, e até desprezar, a parte objetiva, externa, da vida humana.

O Ocidente assume, em geral, a atitude contrária: interessa-se, de preferência, ou até exclusivamente, pelas coisas materiais do mundo externo; desenvolve muito a ciência e a técnica, mas se esquece da sabedoria espiritual.

A verdadeira filosofia, univérsica, seria a perfeita harmonia e equilíbrio entre a parte espiritual e material da vida humana.

Essa harmonia orgânica, porém, só pode ser realizada sob a hegemonia da razão espiritual. Para nós, ocidentais, não há perigo de que nos esqueçamos do mundo material, externo; o grande perigo está em nos olvidarmos do mundo espiritual, interno; corremos por demais atrás de "todos os reinos do mundo e sua glória", prometidos pela inteligência luciférica — e dificilmente cremos que o "reino de Deus não é deste mundo", como afirma a Razão crística. Por isso, é de suma importância o estudo e a meditação da filosofia espiritual do Oriente.

Para compreender a filosofia oriental

O homem ocidental está habituado a identificar a Realidade com os fatos, ao passo que para o oriental os fatos são simples reflexos fortuitos e secundários da Realidade, assim como os reflexos de um objeto não são esse objeto e este existiria sem aqueles.

O ocidental considera o Universo pelo lado de fora, por suas manifestações externas, concretas, palpáveis, visíveis, ao passo que o oriental já nasce, por assim dizer, com a intuição interiorista, sentindo que esses aspectos externos não são a Realidade, senão apenas efeitos visíveis de uma Causa invisível.

Para o ocidental, o mundo externo, como dizíamos, é a própria Realidade, primária e, talvez, única. No caso em que haja alguma outra realidade, não perceptível pelos sentidos nem concebível pelo intelecto, ela é, para ele, uma realidade de segunda mão, derivada, de cuja existência não pode o homem ter certeza científica, mas apenas uma espécie de vaga suspeita ou crença. Para admitir uma realidade além dos fenômenos objetivos, necessita o ocidental de um grande esforço de vontade que o leve às alturas da fé.

Para o oriental, porém, nenhum ato de fé é necessário para admitir uma realidade invisível, que é, para ele, o objeto da intuição espiritual, e lhe dá plena certeza. A sua consciência habitual vive numa outra dimensão; ele intui o mundo da Realidade causante quase com a mesma clareza com que nós enxergamos o mundo dos fatos e dos fenômenos causados. Por isso, não há no Oriente ateus nem materialistas.

Para o oriental, o visível é derivado do invisível, ao passo que para o ocidental, o invisível (caso seja real) é efeito do visível. Para aquele, é evidente o que Hermes Trismegisto disse: "A Realidade é espírito e todo o mundo é espiritual".

* * *

Dessa espontânea e natural intuição metafísica, dimana, para o oriental, uma atitude de instintiva indiferença e apatia — por vezes até de antipatia — em face das coisas materiais da vida, que tanto apaixonam o ocidental. Também, para que despender grande cabedal de interesse e esforço em adquirir e conservar efeitos efêmeros e ilusórios, quando, em vez deles, se pode possuir a causa eterna e absolutamente real?

Brahman é a única Realidade — Maya é ilusão.

O mundo é um nada — que parece algo.

Brahman é como a luz — e o Universo é uma sombra projetada por essa luz. Que coisa é uma sombra? Alguma realidade? Não! Uma simples ausência de luz, um irreal com ares de real, um negativo que ao ignorante parece um positivo.

Quem possui a causa possui o Real em sua fonte e raiz; mas quem deseja possuir os efeitos sem a causa não possui nem esta nem aqueles — assim como o homem que quisesse se apoderar de um raio solar separadamente do Sol, ou quem quisesse agarrar e levar para casa o reflexo em um espelho sem possuir o objeto que produziu esse reflexo.

Para o oriental, toda a chamada "santidade" é simples "sabedoria". De maneira que o oriental é, por natureza e índole, *além-nista*, e dificilmente compreende a atitude *aquém-nista* do seu colega ocidental. Para aquele, nós, que nos julgamos sólidos *realistas*, somos uns ingênuos *irrealistas*, sonhadores de sonhos e caçadores de sombras; o grande realista é ele, o vidente da causa real.

O que dissemos da atitude do oriental vale também para todos os místicos ocidentais e de outras zonas. O verdadeiro oriente não é geográfico, mas sim humano, é a origem da luz, a alvorada da verdade, o nascimento da consciência da Realidade que, em última análise, é o Eu divino no homem, o seu verdadeiro centro indimensional. *Ex oriente lux!*

* * *

Que dizer em face dessas duas ideologias diametralmente opostas? Quem está com a verdade: o oriental ou o ocidental?

Ambos — e nenhum deles. Isto é, cada um dos dois está com uma parte da verdade, mas nenhum deles possui a verdade integral, embora não queiramos negar que o oriental esteja com a "parte do leão", ou, como diria o Nazareno, com a "parte boa" de Maria, a parte mais real e sólida.

Em face do cristianismo, que não é oriental nem ocidental, mas universal e cósmico, o oriental está, de per si, em melhores condições do que o ocidental. É mais fácil cristianizar, ou melhor, cristificar um homem excessivamente espiritualista do que um homem demasiadamente materialista. É fácil subtrair do excesso, mas é difícil adicionar algo à deficiência.

O oriental, é verdade, vive geralmente por demais alheio às coisas da vida terrestre, como se este mundo de Deus nada tivesse a ver com o Deus do mundo, como se a nossa presença dentro da matéria fosse um erro, e não uma missão que nos foi confiada. O ocidental, por seu turno, vive quase sempre tão engolfado nas coisas terrenas que, não raro, perde de vista seu verdadeiro destino, procurando antes realizar as coisas ao redor de si do que o seu próprio Eu interno.

Essas duas filosofias não são contrárias uma à outra — são complementares, e só a sua fusão orgânica é que pode dar uma filosofia completa e definitiva. O oriental tem de horizontalizar a sua vida sem perder a sua verticalidade — e o ocidental deve verticalizar as suas atividades horizontais sem as abandonar. Nem um nem outro deve sacrificar o que tem para se apoderar do que não tem — ambos devem acrescentar ao que têm aquilo que ainda lhes falta para um homem completo e integral. O Deus do mundo é perfeitamente compatível com o mundo de Deus. Maria e Marta são irmãs e mutuamente complementares, na sua mística e na sua dinâmica.

Até hoje, temos a impressão de que o oriental construiu uma torre altíssima, mas sobre alicerce insuficiente, e agora se vê em dificuldades de continuar a sua construção unilateralmente espiritualista; o alicerce não comporta obra tamanha. O ocidental, por seu turno, nunca teve tempo para levar adiante a sua torre espiritual, porque anda muito ocupado com o alargamento do alicerce, isto é, com o seu horizontalismo científico-técnico. Mas se um dia verticalizar a sua obra, quem sabe se o ocidental não elevará mais alta a sua torre espiritual do que o seu colega oriental de hoje?...

* * *

Em face do que vai exposto, seria de esperar que o Oriente tivesse abraçado a mensagem de Cristo com maior entusiasmo do que o Ocidente. Os fatos históricos, porém, provam o contrário; o Oriente continua, quase totalmente, pagão, nem há esperança fundada de que, algum dia, aceite o cristianismo.

Como se explica esse fenômeno?

Para explicá-lo e compreendê-lo, é necessário que não confundamos o cristianismo do Evangelho com as nossas teologias cristãs. Estas não passam de tentativas para interpretar aquele; de fato, porém, nenhuma das nossas teologias eclesiásticas é idêntica ao cristianismo do Evangelho. Por um conjunto de circunstâncias históricas, a marcha do Evangelho tomou rumo oeste, partindo de Jerusalém, porque a Europa era o grosso do Império Romano então civilizado; o Oriente era quase desconhecido e dificilmente acessível. Mas como os povos que integravam o império dos Césares possuíam uma cultura espiritual rudimentar, foi a mensagem do Cristo moldada pela ideologia desses povos que a interpretaram segundo a medida da sua capacidade. O grosso do cristianismo primitivo era composto de escravos do Império Romano e das hordas bárbaras que, pelo norte e pelo leste, o invadiram. Que outra coisa podiam os chefes da Igreja adolescente fazer senão ensinar a essas grandes crianças, morenas e louras, as verdades do Evangelho numa forma muito primitiva?

O que causa estranheza é que, até o presente dia, a teologia eclesiástica não tenha modificado essencialmente sua estrutura primitiva, visceralmente infantil. A Era Atômica, em que acabamos de ingressar e que representa um clímax da maturidade intelectual da humanidade, é um tremendo desafio ao espírito medieval das teologias eclesiásticas, provocando verdadeira crise espiritual no homem moderno. O ateísmo soviético e a rejeição do nosso cristianismo tradicional por parte da Rússia não é senão um dos sintomas típicos dessa evolução pseudocristã do Ocidente. É de praxe e bom-tom considerar cristãs as democracias do Ocidente e anticristãos os países comunistas — mas isso é uma política barata e desleal. Na realidade, não há em nossas democracias maior cabedal de cristianismo real do que na Rússia e seus satélites; há, sim, mais teologia eclesiástica, que pouco ou nada tem a ver com a alma do Evangelho do Cristo. Ora, possuindo os povos do Oriente uma cultura filosófica e espiritual duas ou três vezes mais antiga que o Ocidente, nunca aceitarão o cristianismo na forma primitiva das nossas teologias eclesiásticas, que manda crer cegamente, sem abrir a porta para um saber superior. A criação do mundo e do homem, pecado e redenção, a concepção antropomorfa de Deus, o destino da alma pós-morte, céu e inferno, a eficácia mágica dos sacramentos, a infalibilidade de um homem ou de um livro — tudo isso vem apresentado de um modo tão primitivo que nenhuma pessoa de espírito mais evoluído pode aceitar. Por isso, as grandes conversões de povos pagãos para o cristianismo foram realizadas todas no meio de tribos primitivas, ao passo que no seio de povos de elevada cultura filosófica e espiritual, o movimento missionário é insignificante. Na Índia, na China e no Japão não há 3% de cristãos — nem jamais assumirá proporções de grande expansão enquanto a teologia eclesiástica, ainda toda primitiva e medieval, não mudar de mentalidade e assimilar melhor a profunda espiritualidade do Evangelho do Cristo.

Nos três primeiros séculos do cristianismo, quando predominava na Igreja a filosofia platônica, na forma do neoplatonismo, era propício o ambiente para uma infiltração no Oriente; mas, a partir do século IV, quando a filosofia neoplatônica foi substituída pelo aristotelismo, que no século XIII culminou no tomismo escolástico, foram demolidas pela teologia eclesiástica todas as pontes que ligavam o cristianismo do Ocidente com as grandes filosofias místicas do Oriente e do Egito, e até hoje persiste esse impedimento. O dualismo aristotélico-tomista, embora favorável ao poder e prestígio da hierarquia eclesiástica, é desfavorável ao universalismo platônico-místico que predomina no Oriente.

"Aceito o Cristo e seu Evangelho, mas não aceito o vosso cristianismo" — essas palavras que Gandhi opunha a todas as tentativas dos missionários cristãos do Ocidente que procuravam "convertê-lo" à teologia eclesiástica deles bem revelam a diferença entre o cristianismo do Evangelho e o cristianismo das teologias eclesiásticas.

Só o verdadeiro místico ultrapassa as barreiras confessionais das interpretações teológicas e atinge a própria essência divina do Evangelho, e nessa forma — sem forma – é o cristianismo uma mensagem dirigida à humanidade como tal, quer do Ocidente quer do Oriente, quer do primeiro ou do décimo século, quer dos séculos vinte, cinquenta ou cem. Quando, algum dia, os homens forem capazes de compreender o Evangelho em seu verdadeiro caráter, e a própria filosofia se despojar de todas as suas limitações humanas — então será perfeita a afinidade entre esta e aqueles.

Por ora, a alma do Evangelho tem maior afinidade com o espírito da filosofia oriental — ao passo que o corpo humano do nosso cristianismo teológico se coaduna melhor com a filosofia do Ocidente.

Segundo as leis da evolução, essa "osmose" filosófico-evangélica entre o Oriente e o Ocidente adquirirá, um dia, suficiente grau de saturação para que a humanidade de lá e de cá possa fundir-se numa grande unidade orgânica. Então o Oriente, devidamente despanteizado, dará as mãos ao Ocidente suficientemente desmaterializado. E o Cristo — que não é oriental nem ocidental, tanto assim que nasceu na linha divisória entre os dois hemisférios — será o ponto de fusão para todas as correntes ideológicas e experiências da humanidade.

O verdadeiro cristianismo não é uma Igreja ou seita mas sim uma realidade cósmica, que será assimilada por aqueles que atingirem suficiente grau de evolução para despertarem dentro de si o reino de Deus.

A Filosofia é
aplicável à vida?

Entre as numerosas perguntas que, sem cessar, me são feitas sobre os cursos de Filosofia que leciono e os livros que escrevo, essa é a mais frequente. Todos querem saber se a Filosofia tem qualquer relação com a vida humana ou se é apenas uma teoria abstrata, para horas de ócio e lazer.

Por detrás dessa pergunta está latente a ignorância ou o erro que os consulentes nutrem a respeito de Filosofia. Para mim, teoria que não tenha nexo com a vida humana não é Filosofia. O fim primário da verdadeira Filosofia, da philosophia perennis, é precisamente este: dar ao homem uma norma de vida, firme e indestrutível, um roteiro seguro de pensar e agir, de maneira que possa atingir a plenitude da sua evolução e, destarte, alcançar imperturbável felicidade.

As religiões, é verdade, também procuram realizar esse objetivo; mas as normas que elas dão a seus adeptos têm de ser criadas e aceitas cegamente como dogmas fixos e imutáveis — ao passo que a Filosofia leva os seus discípulos a compreenderem racionalmente, por experiência própria, a última razão de ser dessas normas; não exige fé teológica, mas prepara os caminhos para que o candidato à suprema sophia (sabedoria) possa, finalmente, transpor o limiar do santuário e entrar em contato direto com o mundo invisível, que rege todos os mundos visíveis e, sobretudo, a vida humana. Sendo que esse mundo invisível é o único mundo plenamente real, segue-se que só o homem que se realiza a si mesmo pelo descobrimento do seu Eu central é que pode conhecer por experiência própria esse mundo da Realidade integral.

O cultor de dogmas religiosos é um crente — o iniciado na verdade da Filosofia é um sapiente.

É natural que o número dos crentes seja maior, no estágio atual da evolução humana, do que o dos sapientes, porque o crer é relativamente fácil, ao passo que o saber exige uma disciplina tão intensa e prolongada que são poucos os que trilham esse "caminho estreito" e passam por essa "porta apertada", que dá ingresso ao "reino de Deus", da verdade e da felicidade.

* * *

Entretanto, o que a maior parte dos consulentes deseja saber, quando pergunta se a Filosofia é aplicável à vida prática, é o seguinte: sendo que todo homem adulto tem os seus dolorosos problemas, estão todos interessados em descobrir uma fórmula segura e de fácil aplicação que lhes garanta solução deste ou daquele problema da sua vida. Uns são infelizes nos seus amores; outros não têm sorte nos negócios; outros ainda agonizam em um inferno de discórdias domésticas; muitos são vítimas de doenças que lhes amarguram a vida — e assim por diante. É natural que cada um desses sofredores espere da Filosofia solução ou alívio nos seus dissabores.

Pode a Filosofia melhorar a vida humana, aqui na Terra?

Pode, sim, ou melhor, a Filosofia, assim como nós a entendemos, é o único meio certo e seguro para encher de sólida tranquilidade e paz a alma e a vida do homem que com ela se identifique. Entretanto, são relativamente poucos os que experimentam esses efeitos benéficos da *philosophia perennis*. Por quê?

Por diversas razões, das quais vamos frisar apenas uma ou outra.

Muitos esperam da Filosofia efeitos *imediatos*, mais ou menos como o efeito de um comprimido que, dissolvido em um copo d'água, dentro de poucos minutos acaba com a dor de cabeça ou neutraliza a azia de estômago; ou como uma injeção que dá alívio rápido ao padecente.

Não é desse modo que a Filosofia atua sobre a vida humana, e isso por uma razão muito simples: é que ela, precisamente por ser "filosofia" (amor à sabedoria), não está interessada em curar *sintomas* de males, mas o próprio *mal pela raiz*. Como, porém, o mal fundamental da humanidade vem de longe e tem raízes profundas em cada ego personal, não é possível neutralizar esse mal em "três meses, com 36 lições", como certos faquires mentais prometem a seus ignorantes e ingênuos discípulos. A verdade atua segura, mas lentamente, porque tem de penetrar profundamente todos os elementos que constituem o homem: alma, mente e corpo; tem de eliminar as velhas e inveteradas toxinas da personalidade e substituí-las pelas seivas vitais da individualidade cósmica do homem perfeito e integral. Também, como poderia alguém esperar que os venenos da consciência físico-mental, eivada de egoísmo, fossem depurados em tão pouco tempo, quando a sua formação na personalidade humana remonta a 30, 50, 80 anos, e sua origem no seio do gênero humano data de milhões de anos?

O que a maior parte quer saber é se a Filosofia exerce impacto sobre a "vida prática", individual e social do homem; se dá saúde, se promove os negócios, se facilita a conquista de um bom emprego, se constrói um lar feliz, se facilita os estudos e os exames, etc., etc.

Respondemos com um afoito "sim" a todos esses quesitos, e isso sem o menor receio de errarmos, porque, além de milhares de fatos históricos, temos a nosso favor o testemunho da mais alta autoridade no assunto, o homem mais feliz do mundo, que disse: "Procurai em primeiro lugar o reino de Deus e sua justiça, e todas as outras coisas vos serão dadas de acréscimo".

Todas essas "outras coisas" que nos serão dadas de acréscimo são as que acabamos de enumerar, e muitas outras.

A Filosofia trata daquilo que o homem é, da sua *qualidade* interna, do seu sujeito ou Eu, que Jesus chama "alma"; mas é um dos erros comuns e funestos supor que o elemento espiritual da *qualidade* deva substituir os elementos materiais da *quantidade*, os objetos externos, aquilo que o homem *tem* ou pode ter. Os grandes iluminados não falam em *substituição*, falam em *integração* das quantidades externas na qualidade interna. Se por vezes parece haver substituição das quantidades materiais pela quantidade espiritual, trata-se de uma fase de transição, de algo provisório, para que o homem *materialista*, por meio do cadinho da *espiritualidade* ascética, se habitue a ser homem cósmico e perfeitamente integrado no Universo de Deus.

Nesta altura, prevenimos insistentemente todos os candidatos inexperientes à autorrealização: que o "reino de Deus" deve ser procurado *em primeiro lugar*, isso é, que o homem não deve, em hipótese alguma, servir-se das coisas espirituais como *meio para o fim* de alcançar as coisas materiais, porque isto seria procurar estas em primeiro lugar, como fim último, e degradar aquelas a segundo lugar, como simples meio. Semelhante procedimento seria uma inversão das eternas leis da Constituição Cósmica, erro que impediria que as "outras coisas" nos fossem dadas de acréscimo.

E é precisamente aqui que está o ponto nevrálgico e a última razão por que a maior parte dos bandeirantes do reino de Deus se sentem desiludidos e frustrados no seu tentame e acabam por considerar a Filosofia como simples miragem. Secretamente, fazem consigo mesmos este cálculo ou raciocínio:

tratarei das coisas espirituais, a fim de ter sorte nos afazeres materiais.

Sobre essa base falsa, anticósmica, pretendem então construir o edifício da sua prosperidade e ficam decepcionados quando as "outras coisas", que lhes foram prometidas como resultados certos, não aparecem. Culpam, então, a Filosofia dos grandes Mestres — quando, na realidade, os únicos culpados são eles mesmos. Tentaram camuflar ou subornar a Constituição Cósmica; tentaram derrubar com a cabeça o Himalaia da eterna retitude.

A atitude correta que o homem deve assumir é esta: tratar das coisas do "reino de Deus" *incondicionalmente*, sem segundas intenções, sem restrições mentais, e prosseguir invariavelmente nessa atitude retilínea, quer venham quer não venham resultados materiais. Se o homem se entristece quando não aparecem resultados palpáveis, é prova de que a sua atitude interna era falsa, que procurava secretamente subordinar o mundo espiritual ao mundo material. É claro que as leis da Constituição Cósmica não favorecem semelhante atitude. Só quando o homem é 100% desinteressado nos resultados materiais é que ele verificará que "todas as outras coisas" lhe são dadas, e precisamente porque ele não as procurou nem fez depender delas o prosseguimento da sua espiritualidade. É este o estranho procedimento de todas as coisas do mundo: quando procuradas e apetecidas pelo homem, fogem dele — mas, quando abandonadas por ele ou tratadas com serena indiferença e espontâneo desapego, então essas coisas correm no encalço do homem e se lhe oferecem.

Algum dia a Filosofia Cósmica descobrirá e definirá essa grande lei: que o homem meramente *intelectualizado*, sem espiritualidade, cria em torno de si uma espécie de *campo magnético de atuação centrífuga*, estabelecendo uma polaridade hostil entre si e a Natureza, que foge dele, repelida pelas auras negativas do homem luciférico; mas, assim que o homem ultrapassa a zona da mera intelectualidade e entra no mundo da *racionalidade espiritual* — eis que o campo magnético se inverte, passando a atuar em sentido *centrípeto*, como força de sucção, atraindo para o homem todas as criaturas da Natureza. Com outras palavras: o homem que não encontrou a si mesmo, o seu divino *sujeito*, afugenta de si todos os *objetos* em derredor — mas o homem que encontrou o reino de Deus em si mesmo atrai a si todas as criaturas de Deus. A autorrealização produz automaticamente as alorrealizações, mas a falta de autorrealização torna impossíveis as alorrealizações.

Em uma palavra: o único modo seguro e certo para realizar as "outras coisas" é o homem realizar-se a si mesmo, o "reino de Deus dentro de si".

Até aqui, pelo menos 90% dos nossos leitores — ou talvez 99,9 — já devem estar desenganados, porquanto é difícil criarmos dentro de nós esse clima de desinteresse em face dos resultados palpáveis dos nossos trabalhos. Para a imensa maioria dos homens da presente evolução, não há incentivo suficiente para um trabalho eficiente e constante quando não existe a perspectiva de uma recompensa correspondente em forma de resultados materiais.

A Filosofia, como se vê, é um tremendo desafio, uma escola de disciplina rumo à verdade; ela não é ocupação para caracteres fracos e vacilantes, nem pode ser praticada como hobby em horas de devaneio e passatempo. Exige dos seus adeptos uma autoeducação tão sincera e retilínea que, segundo as palavras do divino Mestre, são "poucos os que trilham esse caminho estreito e passam por essa porta apertada", porta que, não raro, se assemelha a um "fundo de agulha". "Muitos são os chamados — poucos os escolhidos." Mas esses poucos — os "poucos escolhidos" entre os "muitos chamados" — dispostos a pagar o preço da sua autorrealização — se darão por muito bem pagos por toda a disciplina que, voluntariamente, tomaram sobre si, porque descobriram o "tesouro oculto" e encontraram a "pérola preciosa" da Verdade Libertadora, que lhes abriu o cárcere.

Entretanto, se alguém quer saber em dois ou cinco minutos se a Filosofia é aplicável à vida, ninguém lho poderá dizer de um modo compreensível. O único modo de ele saber da Verdade é vivê-la em si mesmo — mas essa vivência não lhe pode ser dada por terceiros. Quem não viveu a Verdade não sabe o que ela é. O que os outros podem fazer é tão somente preparar-nos os caminhos e criar em torno de nós uma atmosfera propícia. A experiência, porém, é algo eminentemente individual, intransferível, como o próprio ser de cada um.

Certo dia, foi ter com um exímio vidente da Índia um jovem que queria saber do grande Iluminado o que era Deus. Em vez de responder à pergunta do jovem consulente, o mestre o convidou para partilhar a vida dele por um ano. O jovem aceitou. Durante esse ano, o sábio hindu nunca discutiu com seu discípulo a questão da existência e natureza de Deus, mas fê-lo tomar parte nas longas e profundas meditações de cada dia. No fim do ano, ao despedir-se do jovem, perguntou-lhe o Iluminado se tinha ainda alguma dúvida. "Nenhuma", respondeu o outro; ao que o mestre lhe lembrou a pergunta feita um ano atrás sobre a existência e natureza de Deus. "Fui eu que perguntei tal coisa?", estranhou o jovem — "de certo foi outro".

De fato, fora "outro", porque aquele incipiente intelectualista de um ano atrás já não existia; sucedera-o o sapiente intuitivo que sabia o que era Deus, não pela inteligência analítica, mas pela vivência íntima.

E, uma vez solvido o problema central da vida humana, todos os outros problemas periféricos estão solucionados, ou em vias de solução.

Na realidade, não há nada mais "prático" do que a Filosofia.

"Quem puder compreendê-lo, compreenda-o!"

O REAL, O IRREAL E OS REALIZADOS

Toda pessoa que queira estudar e compreender filosofia deve, antes de tudo, enfrentar e solucionar o problema fundamental relacionado com a trilogia que encima este capítulo.

Que é Real, ou Realidade?

Para o inexperiente, real é tudo que os sentidos percebem ou o intelecto concebe.

Para outros, talvez haja uma realidade para além do âmbito dos sentidos e do intelecto, mas essa realidade não é objeto de certeza, senão apenas uma vaga suposição daqueles que crêem.

Para outros, ainda, real é somente Deus e tudo que se refere ao mundo espiritual da causa eterna, ao passo que todo o resto é irreal, um puríssimo nada com visos de algo. Em linguagem oriental, real é somente Brahman, irreal é *Maya*, a natureza. No Ocidente, a *Christian Science* afina pelo mesmo diapasão: real é somente Deus, irreal é tudo que existe fora de Deus, matéria, indivíduo e todos os seus derivados e acessórios.

No meio dessas divergências e controvérsias vamos raciocinar, calma e serenamente, e ver se conseguimos criar uma terminologia que satisfaça plenamente às exigências da lógica imparcial.

Real é somente aquilo que não teve princípio nem terá fim, aquilo que é, além de tempo e espaço.

Realmente é aquilo que é eterno, infinito, universal, absoluto. Real, portanto, é somente o Ser, a Essência, a que as religiões chamam Deus, Brahman, Yahveh, Tao, ou que outro nome se dê ao Anônimo.

O contrário do Real é o Irreal, que é o puríssimo Nada, o Não ser.

E com estes dois pólos contrários, o Real e o Irreal, se contentam alguns sistemas de pensamento filosófico.

Entretanto, a lógica não aceita essa polaridade dual — reclama por uma trindade — por quê?

Porque entre o *Real* e o *Irreal* existe algo terceiro, que vamos chamar o *Realizado*.

Quando o Real realiza algo, quando o Criador cria o mundo — será lógico afirmar que esse produto realizado é irreal? Que esse efeito criado é um puro nada? Se assim fosse, o Real nada teria realizado, o Criador nada teria criado, e, nesse caso, o Real ou Deus seria uma eterna inércia e absoluta passividade. Sendo, porém, que a passividade absoluta é idêntica ao Irreal, o Real passivo seria o próprio Irreal, o infinito Ser seria o infinito Não ser.

Não é admissível que o produto do Real que realiza seja um nada. E como, por outro lado, esse produto ou efeito do Real realizante não pode ser o próprio Real, só nos resta afirmar que esse produto não é nem Real nem Irreal — mas, sim, o Realizado. Não é nem o Todo nem o Nada, mas Algo.

Todo, Algo, Nada.
Real, Realizado, Irreal.
Causante, Causado, Não causado.

Ora, como o Nada, o Irreal, o Não causado são puras abstrações, fora do plano Real e do Realizado, não nos interessa tratar dele. Fiquemos assim, pois, com o Real e o Realizado, com o Todo e o Algo, com o Causante e o Causado.

O Real, o Todo, o Causante é Deus (ou melhor, a Divindade), isso é, o Infinito, o Uno, o Eterno, o Absoluto. Um Deus-pessoa, um Deus-indivíduo, não seria o Real, o Todo, o Causante, mas seria algum Realizado, Algo, Causado.

O Real é o Uno, o Realizado é o Verso do Universo.

* * *

Nestas alturas, surge a momentosa pergunta se Deus, Brahman, o Real, é a Realidade Total, e se ele seria essa Realidade Total, mesmo no caso em que não houvesse nenhum Universo, nenhum Algo, nenhum mundo criado. Um Deus não criador seria um Deus Real? Um Deus passivo seria um Deus Real? Um Brahman inerte e inoperante seria uma Realidade, ou uma pura ficção?

Sendo que *Real* e *Ativo*[1] são idênticos, é evidente que não pode haver um *Real Passivo*, porque seria um *Real Irreal*, seria um *Operante inoperante*.

Logo, um Deus inativo, não criador, é um não Deus, um puríssimo Nada, uma total Irrealidade. Só

---

[1] "Wirklich ist das was wirkt", real é aquilo que realiza; atual é aquilo que atua.

um Deus ativo é um Deus real. Deus é *actus purus*, diz Aristóteles, Deus é pura atividade, e nele não há passividade. Ou, na linguagem do evangelista, "Deus é luz, e não há treva". Ou ainda, no dizer do Nazareno, "Deus é a vida, e nele não há morte".

O Deus Real, portanto, é o Deus que realiza, atua, opera.

Mas, se realiza, atua, opera, deve haver Algo, como resultado ou efeito dessa realização, dessa atuação, dessa operação. O ato realizador do Real não pode terminar no vácuo, no nada, porque, nesse caso, não teria havido realização.

Verdade é que essa realização da parte do Real poderia ser uma simples realização *ad intra* (para dentro) e não necessariamente uma realização *ad extra* (para fora), como observam os teólogos. Deus estaria totalmente recluso, hermeticamente fechado em sua Divindade, sem nenhuma atuação externa, o que equivaleria a dizer que Deus não estaria imanente no Universo, mas apenas transcendente ao mesmo, embora imanente em si mesmo. A auto--imanência da Divindade seria idêntica à alotranscendência da mesma relativamente ao Universo. Para si mesmo, seria Brahman auto-imanente, mas para Maya seria ele alotranscendente, isto é, separado, ausente, inexistente. Ora, sendo que nada pode existir como *realizado* a não ser que esteja no *Real*, como efeito na causa, o mundo em que Deus não estivesse imanente não seria um mundo *realizado*, mas uma simples ficção, um puríssimo *irreal*, um nadíssimo *nada*. A ideia de que Deus tenha criado um mundo no qual ele não esteja presente como permanente causa intrínseca, imanente, essa ideia é contraditória em termos, assim como um círculo quadrado.

Na verdade, porém, o Deus *imanifesto* (transcendente) é o Deus *manifesto* (imanente).

O Deus *velado* pela longínqua transcendência é o Deus *revelado* pela propínqua imanência.

Brahman aparece como *Maya*; não há separação nem identidade, mas distinção entre eles.

A absoluta *Essência do Ser* aparece como a relativa *Existência no Agir*.

O *Real* revela-se no *realizado*, como a alma invisível aparece no corpo visível.

O *Deus do mundo*, abstrato em si, é concretizado no *mundo de Deus*.

Praticamente, não podemos separar o *Real* e o *Realizado*, embora os possamos distinguir.

A Realidade Total, o Universo, é feita de *causante* e *causado*, do *Criador* e da *criação*. São termos correlativos e complementares, absolutamente inseparáveis, embora distintos. Não há Deus sem mundo, nem há mundo sem Deus.

Deus é o *Uno* revelado em *Verso*. Isso no tocante à ordem *ontológica*, isto é, à ordem do *ser*.

Na ordem *lógica*, isto é, no plano do *conhecer*, pode haver um mundo sem Deus — mas esse separatismo é fruto da imperfeição do nosso modo de conhecer. O profano total admite um mundo sem Deus, um Realizado sem nenhum Real, um efeito sem nenhuma causa.

Mas, quando o homem atinge a plenitude da sua evolução, então a ordem *lógica* (do conhecer) coincide com a ordem *ontológica* (do ser), e então ele sabe que Deus e o Universo, embora distintos, não são separados, como também não são idênticos.

Se Deus e o Universo fossem coisas *separadas*, haveria causa sem efeito, ou efeito sem causa; se fossem *idênticos*, a causa seria o efeito, e o efeito seria a causa; não sendo, porém, separados nem idênticos, mas *distintos*, a causa, que produz o efeito, é transcendente a este, mas ao mesmo tempo imanente nele.

Deus não é causa *extrínseca* do mundo, mas sim causa *intrínseca* do mesmo.

O mundo não é somente feito *por* Deus, mas também *de* Deus.

Quando um carpinteiro faz uma mesa, essa mesa é feita por ele; mas não dele; mas, quando um pai gera um filho, esse filho é feito dele (pelo menos em parte).

Querem certos teólogos dualistas que o mundo seja feito por Deus, por ser apenas obra de Deus, mas que o Cristo seja feito de Deus, por ser filho de Deus. A alma humana, segundo eles, é criada por Deus, mas não gerada *de* Deus, por não ser filha de Deus, no sentido do Cristo.

Essas distinções entre "criado por" e "gerado de" são uma especulação intelectualista, arbitrária; na realidade, todas as coisas e pessoas, sem excetuar a alma, são filhas de Deus, geradas de dentro da substância divina e, por isso, essencialmente divinas, embora o seu grau de consciência e perfeição seja diferente. A perfeição de uma criatura consiste no grau de consciência que ela tem da sua essencial identidade com o Infinito. É, pois, uma diferença de existência e não de essência.

Em face disso, é preferível que digamos: toda criatura é uma *emanação* do Criador; é um Realizado cuja *essência* é o Real, mas cuja *existência* é o Realizado. Todo o Finito está no Infinito, e o Infinito está no Finito. O Finito pode dizer: "eu e o Infinito somos um, mas o Infinito é maior do que eu". Isto é *monismo*, equidistante do *monoteísmo* e do *panteísmo*. Todos os grandes gênios e místicos são monistas, inclusive o Cristo.

Brahman, Atman, Maya, Nirvana

Brahman é Realidade absoluta, eterna, infinita, universal, o Uno e o Todo, o Ser como tal, sem forma, sem nome, sem atributo, para além de tempo e espaço.

Brahman, embora seja, em si mesmo, a Realidade Única e Total, é, ao mesmo tempo, quando considerado do ponto de vista do mundo dos fenômenos individuais, o Nada absoluto, o *Nirvana*, o Irreal, porque não é nenhuma das coisas existentes no plano fenomenal. O Ser absoluto não "existe", mas "é". É o único ser que *é* realmente e em toda a plenitude. Por isso, no plano do simples existir, Brahman é o não existir, o Nada fenomenal.

O que existe[2] não é — o que é não existe.

Atman — Mas esse Ser, Uno e Absoluto Brahman, embora absolutamente transcendente em seu eterno

---

[2] A palavra "existir", formada dos radicais "ex" (fora) e "sistere" (colocar), significa literalmente "colocar para fora", ou "estar colocado fora". Tudo que existe foi produzido, ou colocado fora, pelo Ser, assim como todos os efeitos foram produzidos pela causa. Dizer que "Deus existe" é, lógica e filosoficamente falando, um absurdo, porque, se Deus existisse, ele não seria o Infinito e Universal, mas algum finito e individual. Quem afirma que "Deus existe" professa ateísmo, e quem adora esse "Deus existente" pratica idolatria! Mas... tão grande verdade não deve ser dita aos profanos. A Verdade é alimento para uns — e veneno para outros...

Ser, é ao mesmo tempo imanente em seu temporário Agir; o universal está presente em todos os indivíduos que dele emanaram, ou melhor, emanam sem cessar — assim como a Vida Universal está em cada indivíduo vivo, assim como o Fogo está no combustível, assim como o Pensador está em cada um dos seus pensamentos — assim está o Universal em todos os seres individuais, o Absoluto nos relativos.

Essa onipresença de Brahman em todos os indivíduos, que dele emanam, chama-se *Atman*, ou alma (*anima*). Brahman é a alma ou essência de todas as coisas — e todas as coisas são o corpo ou existência de Brahman. O Imanifesto é manifesto em tudo. Brahman não é tudo, mas está em tudo. Se Brahman fosse todo e qualquer indivíduo, cada indivíduo seria infinito — ou então Brahman seria finito. Mas todo finito está no Infinito, e o Infinito permeia todos os finitos.

Muitos compreendem a transcendência de Deus — poucos compreendem a sua imanência no mundo e confundem essa imanência com identidade, tachando de "panteístas" os monistas, os afirmadores dessa imanência.

A razão última dessa imanência divina no Universo é a seguinte: é intrinsecamente impossível e contraditório que exista um efeito fora da Causa Universal (Brahman, Deus). No terreno das causas individuais (que não são verdadeiras causas, porque antes de causarem já foram causadas) pode, sim, o efeito existir fora da sua causa; pode, por exemplo, o filho continuar a existir depois que seus pais, essas causas segundas, deixaram de existir, mas, no plano da Causa Universal, que é a única causa verdadeira, não pode haver efeito fora da causa, precisamente por ser a Causa Universal — e como poderia existir algo individual fora do Universal? Na realidade, todo efeito individual não é senão um aspecto parcial e unilateral da Causa Universal, é essa própria Causa *como* efeito individual.

Há *distinção* entre Causa e efeito, mas não há *separação* (como também não há *identidade*). Devido a essa falta de separação entre efeito individual e Causa Universal, não pode esse efeito estar fora da sua Causa, e, por isso, temos de admitir logicamente uma interpenetração entre Causa e efeito, ou seja, uma permanente imanência da Causa no efeito e do efeito na Causa. A essência única está em todas as existências.

Se houvesse separação entre Causa e efeito, não teríamos uma Causa realmente Universal e Onipresente; onde há um "fora" não há universalidade, onipresença, porque esse "fora" denota limitação do Universal, e um Universal limitado não é universal.

O dualismo filosófico e teológico que admite esse "fora", ou essa separação entre Causa e efeito, é ilógico; e, se fala de um "deus onipresente", contradiz a si mesmo, porque um Deus onipresente é, forçosamente, um Deus imanente. A evasiva de que Deus não esteja onipresente com a sua *essência*, mas tão somente com o seu *poder* ou as suas *leis*, é por demais pueril para que mereça refutação séria, porquanto não há nenhuma diferença real entre a essência e o poder ou a lei de Deus. A essência divina é o próprio poder e a própria lei. Deus não fez leis e as injetou no mundo. Deus é a própria lei universal, a própria vida, a inteligência e o espírito que permeiam todas as coisas do Universo.

Deus é o inconsciente no mineral.

Deus é o subconsciente no vegetal.

Deus é o semiconsciente no animal.

Deus é o consciente no intelectual.

Deus é o superconsciente no racional.

Deus é, apesar disto, o oniconsciente em si mesmo, na Divindade absoluta.

* * *

No homem, essa imanência de Deus é o "Atman" por excelência.

No homem, os diversos graus de subconsciência inferior amanhecem na egoconsciência ou intelecto e, finalmente, na cosmoconsciência da razão.

O *Atman* humano em toda a sua perfeição é a Razão, que também se chama Alma, Consciência, o Cristo interno, Deus no homem. O *Atman* humano é a mais perfeita imanência de Brahman que existe aqui. A consciência dessa imanência divina é susceptível de muitos graus e, quanto mais alto for o grau de consciência dessa divina imanência no homem, mais intensa e nítida é a experiência que o homem tem de Deus e, portanto, de si mesmo.

A maravilhosa oração de Santo Agostinho "Deus, noverim te ut noverim me" (conheça eu a ti para que me conheça a mim) resume, numa concisão lapidar, esta grande verdade: quem conhece a Deus conhece a si mesmo, porque o seu verdadeiro Eu é Deus nele. Poderíamos também inverter a prece e dizer "noverim me ut noverim te" (conheça eu a mim, para que te conheça a ti, ó Deus).

Todo pecado do homem provém, em última análise, do fato de ele não ter consciência da imanência de Deus nele, e por isso proclama a sua egocracia personal, separada da cosmocracia universal de Deus. Quando então desperta no pecador separatista a consciência da presença de Deus, integra ele a sua pequena egoidade personal na grande Divindade Universal — e isto é conversão, salvação, entrada no reino de Deus.

Mas se a presença de Deus é um fato universal em todos os seres, por que essa diferença de criatura a criatura?

Respondemos que a perfeição da criatura não vem da simples *presença objetiva* da presença de Deus, mas do maior ou menor grau de *consciência subjetiva* que uma criatura tenha dessa presença. O grau de perfeição não é determinado pela presença objetiva de Brahman em alguma parcela de *Maya*, sobretudo do *Atman* humano, presença que é sempre a mesma em si; mas repetimos, essa perfeição depende da percepção dessa presença por parte da criatura. No plano da presença objetiva, ontológica, não há graus — mas no plano da percepção subjetiva, lógica, dessa presença, há inumeráveis graus, porquanto, "o conhecido está no cognoscente segundo a medida do cognoscente". Na ordem lógica, o objeto é bitolado pelo sujeito; o conhecido obedece ao cognoscente.

Entretanto, não se requer que o indivíduo perceba essa presença como sendo Deus; basta que a perceba como algo maior do que o próprio indivíduo, como algo que dê uma razão de ser mais profunda e vasta ao simples fato do existir de uma criatura. Não só os místicos e filósofos, mas até os psiquiatras sabem, hoje em dia, que a cura de numerosas doenças, sobretudo mentais e emocionais, só é possível quando o doente consegue criar dentro de si a consciência de um "Todo Maior", de algum ponto de referência que para ele signifique o Absoluto, o Seguro, o Sólido, um centro de gravitação em que esse planeta erradio possa traçar a sua órbita rítmica e permanente.

Assim, o próton e o elétron têm imperiosa necessidade de se integrarem em um "Todo Maior", que, para eles, é o átomo completo. Este, por sua vez, tem necessidade de se integrar no mundo maior da molécula, e assim por diante. O próton e o elétron só percebem Brahman como sendo esse átomo; os átomos o percebem na forma de uma molécula. Se o mundo protônico-eletrônico possuísse filosofia própria, diria que o átomo é Deus; a família dos átomos diria que Deus é molécula — e o culto divino daí resultante seria um "culto atômico" ou uma "religião molecular".

Para as células vivas de uma planta o "Todo Maior" (Brahman, Deus) seria o organismo vegetal alimentado pela luz solar, e a verde clorofila que polariza os fótons de luz seria uma espécie de santuário ou altar da Divindade Solar — o seu culto seria "heliotrópico", ou seja, adoração do Sol.

O animal encontra a sua integração conatural na zona do sensitivo, e o seu deus imediato seria apreendido como "Vida", ou Vitalidade.

No homem intelectual, a consciência do "Todo Maior" atinge elevado grau; o seu Deus pode se chamar Lei ou Harmonia entre os diversos componentes do Universo. O seu Deus é "Inteligência".

Quando o homem ultrapassa as fronteiras da evolução intelectual e invade o mundo imenso do racional ou espiritual, então o seu "Todo Maior" passa a ser "Espírito", "Lógos" ou Amor Universal, que se revela no indivíduo como suprema verdade e Felicidade. *Atman* atingiu maioridade e maturidade.

Nessa altura da evolução humana desponta a grande *Solidariedade Cósmica*, dentro da qual o homem sente em si as pulsações da vida universal, para cima (Deus), para todos os lados (a humanidade) e para baixo (a natureza).

Com essa entrada na zona da solidariedade cósmica conquista o homem também a sua imortalidade individual; pois, como o Todo é eterno e imortal, a imortalidade do Universo passa a ser a imortalidade do indivíduo. O centro da consciência humana é idêntico à essência do Universo, que se perpetua como existência.

Deus, Brahman, o grande Todo, pode, portanto, ser experimentado como sendo Átomo, Molécula, Célula, Vida, Luz, Inteligência, Espírito, consoante a capacidade de cada indivíduo, na escala da sua evolução peculiar. E a "religião" — ou "religação" de cada um desses indivíduos consistiria na ligação ou integração que cada um deles sinta com o Todo, isto é, aquele Todo que para ele represente o mais alto que ele possa experimentar.

* * *

Maya — É o aspecto externo e visível de *Atman*, a manifestação material e objetiva de Brahman.

Maya, geralmente traduzido por "ilusão", significa literalmente o "grande poder" (*mahamaya*), ou seja, a grande manifestação do Imanifesto. É "ilusão" para os ignorantes que identificam o manifestado com o Imanifesto, as criaturas com o Criador. Mas, para o sapiente e iluminado, é *Maya* o "grande poder", o maravilhoso veículo de que o humano viajor se serve para chegar até Brahman. Para o profano é *Maya empecilho*, para o iniciado, é *auxílio*.

Diz a filosofia oriental que *Maya revela* e *vela* Brahman, que a natureza *descobre* e *encobre*, *manifesta* e *oculta* a Deus. E serve-se do maravilhoso símbolo da aranha que revela ou manifesta por meio da sua teia, mas ao mesmo tempo essa teia vela ou oculta a própria aranha.

De fato, a natureza revela Deus, mas, como nenhum finito pode revelar adequadamente o Infinito, por ser este pura qualidade e aquele uma congérie de quantidades, resulta que essa revelação de Deus feita pela natureza é ao mesmo tempo uma "velação" ou encobrimento, por ser uma revelação muito pequena e inexata. *Maya* revela Brahman, mais ou menos assim como as setas ao longo das nossas estradas e nas encruzilhadas revelam ao viandante o caminho certo a seguir; mas, se o viajor não compreende o sentido da seta e se apega a ela, em vez de abandoná-la, falha o sentido e a mensagem da seta indicadora; pois o sentido é "orientar-se por ela e abandoná-la". Assim, a natureza é uma flecha indicadora, apontando para uma causa universal que ultrapassa todos os efeitos individuais. Toda a revelação que *Maya* pode fazer de Brahman é um processo preliminar, indireto, imperfeito; "espelho e enigma". Somente quando o homem se emancipa do impacto dos sentidos e do narcisismo da mente, que atuam no mundo de *Maya*, é que ele pode compreender o que é Deus, vê-lo "face a face" e adorá-lo "em espírito e em verdade".

Quando o homem vê a essência divina em todas as existências mundanas, então deixa *Maya* de ser para ele uma ilusão e se lhe torna um grande poder.

Nesta altura dá-se, então, o consórcio entre a Verdade e a Beleza, entre a Filosofia e a Poesia. O Universal é descoberto no Individual, o Eterno no Temporário, o Absoluto no Relativo, o Infinito no Finito.

O homem cósmico, que é filósofo da verdade e poeta da beleza, enxerga em todas as existências individuais a essência universal e, por outro lado, sabe também exprimir em termos de poesia concreta a verdade abstrata. O Evangelho do Cristo é o exemplo clássico dessa verdade abstrata revelada em poesia concreta e desse conteúdo universal percebido em todos os contenedores individuais. Muitos sabem conceber abstratamente as coisas abstratas; muitos sabem dizer concretamente as coisas concretas — mas poucos sabem intuir o abstrato no concreto e exprimir em termos concretos o abstrato. Nessa arte suprema não tem rival o filósofo poeta de Nazaré.

O homem cósmico faz o grande tratado de paz entre o Deus do mundo e o mundo de Deus, porque fez um tratado de paz consigo mesmo. Então encontra ele a sua catedral e o seu altar por toda parte, porque os encontrou dentro de si. Já não necessita subir ao monte Garizim nem entrar no templo de Jerusalém para encontrar a Deus e travar colóquios com ele — encontra-o no mineral e na planta, numa gota d'água e numa pétala de flor, no chiar dos insetos e no gorjeio dos passarinhos, nas feras das selvas e no silêncio do deserto...

O homem é livre de tudo que sabe — e escravo de tudo que ignora.

O homem cósmico interessa-se vivamente por todas as coisas boas e belas da terra — mas não depende de nenhuma delas. Só podemos gozar intimamente e sem remorsos aquilo de que somos livres e soberanos, e não aquilo de que somos vítimas e escravos.

* * *

Nirvana — É esta uma das palavras mais misteriosas da filosofia oriental. *Nirvana* quer dizer "extinção" (*nir* = não, nada; *vana* = sopro). O simbolismo é tomado da luz que se extingue. É o egresso da consciência personal do ego e o ingresso na consciência universal do Eu. *Nirvana* não é a extinção do indivíduo, mas, sim, da personalidade separatista. Quem entra no *nirvana* abandona a ilusão de que ele seja um ser exocrático, separado da grande cosmocracia do Universo, e se integra no mar imenso dessa Harmonia, sem deixar de ser o que é.

Verdade é que muitos, sobretudo de certa ala budista, propendem para a ideia de que *nirvana* seja a extinção da própria individualidade, isto é, do Eu ou da alma humana, a sua completa redução ao Nada do indivíduo e ao Todo do Universal. Mas a interpretação mais sensata é a que demos acima, isto é, a integração definitiva do ego separatista na grande Realidade de Brahman, onde o Eu continua a viver, indivíduo e indiviso, não idêntico a Deus nem separado de Deus, mas distinto dele e totalmente integrado nele.

Nirvana, no verdadeiro sentido da palavra, é a redenção do pecador, o regresso do filho pródigo para a casa paterna, a definitiva entrada do homem na "comunhão dos santos" e na "vida eterna".

Brahman é Sat, Chit, Ananda

Deus é Ser, Saber, Gozar.
Deus é Luz, Vida, Amor.
Todas essas afirmações são, em última análise, idênticas.
Deus é o Ser (*Sat*).
Deus é o Ser-consciente (*Chit*).
Deus é o Ser-feliz (*Ananda*).

1. *Sat* — Como *Sat*, o Ser, a Verdade, é Brahman considerado simplesmente como a Realidade Absoluta, o Infinito, o Universal, o Todo, o Brahman sem forma nem nome. Gandhi traduz *Sat* por "truth" (Verdade). No seu livro autobiográfico *Minha vida e minhas experiências com a verdade*, a palavra "Verdade", em sânscrito "Sat", pode ser universalmente substituída por "Deus" ou Brahman. Por sua vez, Realidade não é o mesmo que Verdade, porque Realidade designa o Absoluto, o Ser em si mesmo, ao passo que Verdade designa a harmonia entre um sujeito cognoscente e o objeto conhecido, ou seja, a consonância entre o pensante e o pensado. A Realidade é absoluta, a Verdade é relativa. Em muitos casos, porém, os dois termos são usados no mesmo sentido.

Sat é, pois, a própria Realidade do Ser Absoluto enquanto fielmente refletida na consciência do homem. Esse reflexo da Realidade, porém, só pode ser fielmente espelhado no homem pela razão espiritual, intuitiva, e nunca pelo simples intelecto, cuja função é analítica.

Os sentidos são como que matéria opaca, passiva, onde a luz da Realidade absoluta, essencialmente ativa (o *Sat*), não se pode refletir de modo algum.

O intelecto é comparável à matéria *líquida*, água, na qual a luz da Realidade se poderia refletir se esse elemento estivesse calmo e tranquilo; o intelecto, porém, não conhece tranquilidade, é sempre como água agitada; por isso, a luz da suprema Realidade não é refletida pelo intelecto, a não ser de um modo muito inexato e adulterado, como na superfície de um rio de águas agitadas e turvas.

Só na razão, calma e límpida, e por isso altamente receptiva, é que a *luz* do Ser, *Sat*, se reflete com fidelidade e nitidez.

A planta de lótus simboliza admiravelmente a relação entre o homem e Deus. O fundo escuro e lodoso do lago, onde a planta de lótus nasce, corresponde ao corpo humano com os sentidos materiais. A água, através da qual se lança a longa haste, em forma de serpente, simboliza o intelecto movediço. A superfície iluminada lembra a razão, ou alma espiritual, individualização intangível e incontaminável da Luz Universal, onde a planta floresce na luz solar.

2. *Chit* — Brahman, além de ser a Realidade ontológica, o Ser como tal, o *Sat*, é também *Chit*, o Saber-consciente; Consciência é a "ciência com", um saber em companhia; supõe polaridade. O

ser Universal, inconsciente em si mesmo, como Brahman, se torna consciente de si como Brahma; adquire uma "ciência com", uma "consciência" pela atividade criadora. Brahman, o Absoluto, se relativiza em Brahma, o Criador. O Ser inconsciente (sujeito) se torna consciente pelos objetos que individualiza fora de si, embora esses objetos não estejam realmente "fora" do sujeito, o qual, como onipresente e oniimanente, não está fora ou separado de objeto algum, ainda que distinto de todos eles. A divisão entre sujeito e objeto é um simples expediente da nossa intelectualidade; na realidade, o sujeito absoluto, Brahman, é, em parte, idêntico aos objetos relativos, *Maya*; na sua íntima essência, Deus e o mundo são um e o mesmo na essência; apenas na sua externa existência é que há diferença ou distinção, mas não separação.

A essência imanifesta se revela nas existências manifestas.

Quando a Filosofia oriental diz que Deus é *Chit*, consciência ou saber, já deixou a zona neutra do Brahman, da Realidade absoluta e sem atributos, e entrou na zona do Brahma, da Realidade relativa dotada de atributos, porque nenhum indivíduo pode conhecer o Universal como Universal, senão como individualizado, uma vez que "o conhecido está no cognoscente segundo o modo do cognoscente".

3. *Ananda* — Brahman, o Absoluto, o Ser como tal, o eterno *Sat*, é pura Felicidade.

Brahma, o Ser consciente, é o primeiro passo rumo à relativização, é o início da ANTÍTESE, o princípio da polaridade.

Brahman é TESE.

Quando então essa polaridade atinge o máximo da sua perfeição, culmina necessariamente na SÍNTESE final, que é Gozo ou Beatitude, nascida do Amor, ou, em sânscrito, *Ananda*. O absoluto e estático *Sat* relativizou-se em *Chit* individual e consuma-se em *Ananda*. Deus, o Ser, se torna Saber e revela-se em Gozo ou Amor. E esse Gozo do Amor é Beatitude (*Ananda*).

Deus é a *Luz do Ser*, a *Vida do Saber* e o *Gozo do Amor*.

Brahman e suas
formas humanas

Nirguna Brahman, o Brahman imanifesto, amorfo, aparece como Saguna Brahman, o Brahman manifesto [Brahma], formado toda vez que em algum dos seus mundos a ignorância ameaça prevalecer contra a sapiência, toda vez que as trevas ameaçam extinguir a luz, toda vez que o negativo procura derrotar o positivo, o mal aniquilar o bem. Então a Divindade, amorfa e anônima, assume forma e nome e aparece no meio dos seres que dela necessitam para ulterior evolução ascensional, rumo à luz da sabedoria e à força do bem.

Esta humanização da Divindade aparece em forma de um "avatar" — quer dizer, de um ser "descido das alturas", ou seja, um mensageiro de Brahman.

Por se tratar de um processo da consciência, essa encarnação da Divindade é atribuída a Vishnu (Filho), que, na trindade bramânica, simboliza a continuação da obra criadora de Brahma (Pai). É Brahma Vishnu que encarna; é o Pensamento Criador de Brahman (em grego, o *Lógos*, em latim, o Verbo) que se faz carne (isto é, matéria animada) e habita entre os homens e no homem.

E, depois que o Vishnu da evolução terminou a sua obra redentora, aparece Shiva (Espírito Universal), o Consumador, e completa o círculo do aperfeiçoamento; mas Shiva não aparece como indivíduo visível, atuando de fora, pelos sentidos e pelo intelecto; Shiva, sendo o espírito universal (santo), atua de dentro, pela racionalidade suprema do espírito. É o grande *AUM*. Por meio de Vishnu, o Brahma individualizado, vê o homem a luz que brilha nas trevas; por meio de Shiva, o Brahma universalizado, é o homem completamente permeado por essa luz, adquirindo entusiasmo e força para terminar a sua carreira evolutiva.

Brahman é a Divindade Universal, imóvel.
Brahma é o Deus Criador em movimento.
Vishnu é o Deus redentor, individualizado.
Shiva é o Deus santificador, universalizado.

* * *

A visibilização de Brahman é feita por meio de *Maya*, a natureza material. Maya empresta a Brahman as suas roupagens de forma e cor e o faz habitar dentro dos limites de tempo e espaço. A encarnação de Brahman é, pois, uma aparente limitação do Ilimitado, uma finitização do Infinito, uma relativização do Absoluto, uma espécie de "sacrifício cósmico" da Divindade. O eterno Espírito é "crucificado" na matéria efêmera. Brahman aceita livremente esse "sofrimento". Mas onde impera o amor, o sofrimento deixa de ser a negação do gozo, tornando-se elemento complementar do mesmo, polarizando o gozo até a suprema intensidade.

Aliás, antes de encarnar em forma humana, antes de se fazer "carne", Brahman já passara por outro "sacrifício cósmico", manifestando-se na forma da natureza infra-humana, *Maya*. Antes de se fazer "carne viva", Brahman já se fizera "matéria morta" (embora nenhuma matéria seja realmente morta).

Na forma concreta de avatar, pode Brahman ser percebido pelo homem ainda preso aos sentidos e ao intelecto; pode ser amado afetivamente como pessoa humana, como pai ou filho, como amigo, como esposo ou esposa, e o homem, no ardor desse amor, pode superar os impedimentos que encontra no caminho da sua evolução: cobiça, orgulho e todas as outras formas de egoísmo nascidas da ignorância.

"In der Beschraenkung zeigt sich der Meister", diz Goethe, em um momento de grande vidência metafísica. "É na limitação que se revela o mestre." É fácil ao poderoso ostentar poder; mas a voluntária limitação da onipotência por aparente impotência é prova máxima de poder. Só a mais alta sapiência pode aparecer como insipiência. Só o Todo pode arriscar-se a parecer o Nada, sem detrimento da sua plenitude.

No *nadir da existência*, celebra o *zênite da essência* o seu maior triunfo, quando o máximo parece ser o mínimo, quando o grande *Real* parece ser o *Irreal*.

A essência de Brahman se existencializa sem cessar em *Maya*; despoja-se dos esplendores de plenitude e aparece nas trevas da vacuidade.

No mesmo sentido diz Albert Schweitzer: "Es gibt keine Helden der Tat — es gibt nur Helden des

Leidens und des Entsagens", isto é: "Não há heróis da ação — só há heróis do sofrimento e da renúncia". O homem não é grande pelo que faz, porque esse "fazer" é um triunfo do seu ego; o homem só é grande pelo que "sofre" e na medida em que sabe "renunciar", porque essa voluntária desistência da ação, que está no sofrimento e na renúncia, é um egocídio, uma repressão do pequeno ego em prol do grande Eu. A pequenez vem do ego, a grandeza vem do Eu; mas este só pode ser vitorioso se aquele consentir em ser derrotado.

Também na Divindade a grandeza atinge o zênite quando ela desce voluntariamente ao nadir da pequenez (aparente) pelo sofrimento, pelo "sacrifício cósmico".

Maya e *Atman* representam essas duas formas de "sacrifício cósmico" de Brahman.

Mas... aqui entramos na zona da mística que não é do intelecto analítico, mas sim da razão intuitiva...

Ramakrishna compara a encarnação de Brahman através de Vishnu ao congelamento da água em um bloco de gelo. Nesse estado de "solidificação" da Divindade, pode o homem perceber melhor, e até apalpar o Brahman, em si amorfo e anônimo. Naturalmente, na medida em que o calor do homem, seu amor, atua sobre o bloco de gelo — a forma humana da Divindade —, vai-se o gelo dissolvendo novamente em água, e até em algo menos perceptível que a água, como são os vapores d'água suspensos no ar — o homem começa a conhecer Deus como humanado em um avatar; na razão direta se vai intensificando o seu conhecimento espiritual, e ele necessita cada vez menos de um Deus "congelado" em um indivíduo visível; vai atingindo a Deus em si mesmo, sem forma individual; o Deus Universal e Amorfo passa ao estágio espiritualizado de Shiva, o espírito universal, até, finalmente, se integrar no Universal Absoluto, Brahman, o grande AUM.

Se Ramakrishna vivesse na Era Atômica poderia ter continuado a sua engenhosa comparação com o gelo, a água e o vapor dizendo que, para cima do estado vaporoso da água, há ainda o estado gasoso (hidrogênio e oxigênio) e, além deste, o estado atômico e ultra-atômico (átomos, prótons e elétrons), em que esse mesmo bloco de gelo desaparece completamente como matéria palpável, transformando-se em pura energia e finalmente em Luz Cósmica, invisível e universal, esplêndido símbolo de Brahman. A Luz Pura da Divindade amorfa (Brahman) se materializa, por meio de Vishnu, em um bloco individualizado, chamado Krishna ou Cristo, ou outro avatar que os homens possam ver e apalpar.

Os filósofos orientais servem-se também, para concretizar a encarnação, da comparação com um bastão reto imerso na água e que, dentro da água, parece quebrado em ângulo – isto é, a linha reta de Brahman, quando imersa em um elemento mais denso, aparece como tendo perdido a sua retitude essencial; o Brahman amorfo e anônimo, quando humanado, adquire forma e nome. O Deus impessoal se torna pessoal. É o "sacrifício cósmico"[3] da Divindade Absoluta que, entrando no elemento material de *Maya*, parece adulterada, falsificada, desviada da linha reta da sua pura espiritualidade e quebrada no ângulo da materialidade. A eterna Essência, quando existencializada no mundo temporal, parece diminuída e aniquilada.

Em todas as religiões, a ideia da encarnação vem inseparavelmente ligada à do sacrifício, não só no sentido usual de "imolação", mas também no sentido místico de "sacralidade" (*sacrum-facere*). O conceito da encarnação, como se vê, é um conceito profundamente "esotérico" e genuinamente "sacral" ou "sacramental". A sacralidade ou sacramentalidade[4] forma o misterioso reduto, a alma divina de todas as grandes religiões.

* * *

Maya, que fascina os profanos e os desvia de Brahman, é, para os iniciados ou iniciáveis, um

---

[3] Convém notar que a palavra "sacrifício" vem de duas palavras latinas, "*sacrum*" e "*facere*", isto é, fazer coisa sagrada. Brahman, quando se humaniza voluntariamente, realiza ato sagrado, pratica uma liturgia de profunda e misteriosa "sacralidade" inspirada no amor.

[4] "*Mysterion*", termo grego para a palavra latina "*sacramentum*", vem de "*mystés*", que significa "oculto", não acessível aos sentidos e ao intelecto, mas tão somente à razão espiritual. A palavra "*sacrum*", radical de "*sacramentum*", vem do sânscrito "sak", que quer dizer "segregado", subtraído ao uso profano e reservado à zona mística da sacralidade divina.

meio para melhor compreendê-lo, não só com a alma, mas também com o coração, com a mente e com todas as forças do corpo, no dizer do maior dos avatares que a humanidade conhece. Esse amor de Brahman, afetivo, mental e corporal (coração, mente e corpo), só é possível depois que Brahman se revela em Maya e Atman, depois que a sua eterna essência se visibilizou nas existências temporárias e consumou o grande "sacrifício cósmico" na encarnação humana. Após a encarnação, depois que o "Verbo se fez carne", pode o homem amar a Brahman integralmente, divina e humanamente.

Para o profano, é Maya uma Circe sedutora, que o desvia de Deus; — para o iniciado, é ele uma Beatriz que conduz o homem a Deus. Para aquele, é o mundo uma espécie de parede opaca que oculta ao homem a Divindade; para o outro, é um límpido cristal, plenamente transparente, que polariza numa lente a luz dispersa, um prisma que refrange em beleza multicor a luz incolor da Verdade absoluta.

Todo avatar é uma lente que centraliza em um foco individual a luz universal de Brahman.

Toda encarnação de Deus é um prisma que desdobra em faixa de mil cores cambiantes a luz incolor da infinita Divindade.

Quando se encontram a Verdade e a Beleza, surge a suprema Poesia Cósmica, que é a Realidade abstrata manifestada em Beleza concreta.

O iniciado percebe Brahman, espontaneamente, em cada átomo de *Maya*, porque adquiriu a clarividência espiritual que fez cristalinas as muralhas opacas que ao profano ocultam a Realidade de Brahman.

O estado intermediário entre o profano e o homem autorrealizado ou cósmico é o do asceta, o iogue, o místico, que foge de Maya, porque lhe é impedimento no caminho da autorrealização, uma parede opaca que lhe intercepta a luz de Brahman, parede que ele tenta destruir. O asceta faz bem em evitar o mundo, que, como a Circe da mitologia, transformaria em animais imundos os homens, mas não os divinizaria, como a Beatriz de Dante. O asceta prova que é homem sincero, de boa vontade, embora lhe falte ainda a vidência espiritual do homem cósmico, capaz de tornar em auxílios transparentes os empecilhos opacos.

O profano é escravo de *Maya*.

O asceta é desertor de *Maya*.

O homem cósmico é transformador de *Maya*.

O primeiro é derrotado por *Maya*.

O segundo é vencedor de *Maya*.

O terceiro é amigo e aliado de *Maya*.

O estado do profano é chamado *ajnana* (ignorância).

O estado do asceta é *jnana* (conhecimento).

O estado do homem cósmico é *vijnana* (suprema sabedoria).

Na pessoa do homem cósmico, Brahma se faz carne em Vishnu, e Vishnu se universaliza em Shiva — o homem redimido e plenamente santificado.

Aum — o Brahman
impersonal e personal

Quando o homem experimenta a imanência de Brahman em todas as suas obras como sendo a essência de tudo, e sente ao mesmo tempo que Brahman está além de tudo — então está em *Aum*, identificado com o infinito Uno em si, o infinito Verso em todas as coisas. *Aum* é o sujeito em todos os objetos, e todos os objetos no sujeito — o Universo.

E, para criar ambiente propício para essa consciência imanente-transcendente, profere o homem, vagarosa e intensamente, o sacro trigrama *Aum*.

"A", som aberto, representa o início (Brahma, Pai).

"U", semi aberto, representa a continuação (Vishnu, Filho).

"M", fechado, representa a consumação (Shiva, Espírito Santo).

Depois de expirar a última letra "M", numa vibração profunda e prolongada, sobrevém a vibração inaudível, a mais poderosa de todas as vibrações, a vibração do Silêncio Absoluto, que é a Pura Consciência. O que se segue à última vibração audível do "M" é o *Nirvana*, o Silêncio Dinâmico, o Nada Criador, a Luminosa Escuridão, a Fecunda Vacuidade, o Nadir do Zênite, a Identidade dos Opostos, a Tese, anterior a todas as Antíteses e Sínteses, simbolizado, muitas vezes, pela Serpente Circular, cuja cauda termina na boca.

O *Aum* é o "Amém" do Evangelho, o "Alfa e o Ômega" do Apocalipse.

"A" significa vigília (olhos abertos).

"U" significa sonho (olhos semifechados).

"M" significa sono sem sonho (olhos fechados).

Na vigília, o homem é egoconsciente.

No sonho, o homem é subconsciente.

No sono, o homem é inconsciente.

Mas todos esses estados são estados da *consciência individual* em diversos graus. Para além de todos esses estados de consciência individual — vigília, sonho e sono — está o oceano imenso da *oniconsciência universal*, que se manifesta só depois que todos os estados de consciência individual expiram na absoluta inconsciência.

Os estados de vigília, sonho e sono podem ser comparados com outras tantas torrentes de águas mais ou menos claras ou turvas (graus de consciência), mas que desaparecem todas quando deságuam no oceano da oniconsciência absoluta, no *nirvana* de Brahman, donde vieram e para onde têm de voltar.

No estado nirvânico além do "M" audível (chamado *Turiya* ou Pura Consciência), Brahman é percebido como imanente e transcendente no mais alto grau; cessa toda a bipolaridade dualista, e reina soberana a grande unipolaridade monista.

Brahman é "A" na vigília que experimentamos no mundo da *matéria*.

Brahman é "U" no sonho que vivemos no mundo astral das *energias*.

Brahman é "M" no sono que dormimos no mundo das *forças espirituais*.

O fundamento e substrato de todas essas funções é *Atman*, que é o próprio Brahman em sua atividade criadora.

Quando *Atman* age por meio dos sentidos (A), é chamado *Vishva*.

Quando age pelo corpo astral (U), é chamado *Taijasa*.

Quando atua pela força espiritual (M) é apelidado *Prajna*.

Quando *Atman* está associado a uma dessas três funções (*upadhis*), tem ele esses nomes; mas em si mesmo *Atman* é sem nome, porque é idêntico a Brahman, o Anônimo Absoluto.

* * *

A descrição acima se refere à atividade de Atman no universo humano, o *microcosmo*; mas a mesma atividade também se verifica no Universo cósmico, o macrocosmo, onde *Atman* também se revela como material, astral e espiritual, embora em si mesmo não tenha atributo algum, sem nome, sem forma, acima de tempo, espaço e causalidade.

No macrocosmo, a atividade de Brahman no plano material é chamada *Virat* (correspondente a *Vishva*, microcosmo); no plano astral é chamada *Prajapati* (correspondente a *Taijasa*, no microcosmo);

no plano espiritual é chamada *Prana* (correspondente a *Prajna*, no microcosmo).

Brahman é, pois, material, astral, espiritual, em suas atividades, tanto no homem como no Universo. Entretanto, não há diferença intrínseca, qualitativa, entre o microcosmo e o macrocosmo; a diferença é meramente extrínseca, quantitativa. Tanto o microcosmo humano como o macrocosmo do Universo são agregados de indivíduos, pouco importando o número dos mesmos. Nenhum desses indivíduos tem realidade autônoma em si mesmo; toda a realidade lhes advém de Brahman, que é a única *Essência Universal*; os outros seres são apenas *Existências individuais*. Nenhum desses indivíduos, seja do microcosmo, seja do macrocosmo, nasce ou subsiste em virtude de si mesmo — assim como o pensamento não nasce nem subsiste em virtude de si mesmo, sem o pensador que o pensa. Os indivíduos são "indivisos", não separados de Brahman. Se fossem divisos, separados, seriam o Nada; se fossem idênticos com o Todo, seriam Brahman. Sendo que os indivíduos não são o puro Nada, a Irrealidade, nem Brahman (Brahman não admite plural!), nem Realidade auto-subsistente, segue-se que esses "algos" são entidades dependentes, indivíduos heterônomos, modalidades ou modos de existir do Ser Absoluto, Brahman.

Se algum desses seres "indivisos" se julga "diviso", separado do grande Todo, Brahman, está ele em erro, porque não compreende a sua verdadeira natureza, confundindo sua "existência" externa com sua "essência" interna; esse ser que se julga diviso, separado, atinge apenas o invólucro periférico de sua natureza, mas não a medula da mesma; enxerga o seu "ego personal" e ignora o seu "Eu individual"; vê o seu "Ter", mas é cego para o seu "Ser".

Um organismo vivo consta de inumeráveis células, moléculas, átomos — mas uma só é a vida que o anima. Um é todo princípio vivificante, muitas são as partes vivificadas. A célula só é viva porque foi vivificada pela Vida Universal do organismo.

Da mesma forma, um indivíduo só tem realidade individual porque foi realizado pela Realidade Universal.

Brahman é a Realidade Universal Única, Absoluta. Fora dele nada é real.

Tudo quanto Brahman realiza possui realidade relativa, mas não Realidade Absoluta. A diferença entre a realidade relativa daquilo que foi realizado e a Realidade Absoluta daquilo que realiza é infinita. Nenhum efeito é real no sentido em que a causa é real. O efeito é apenas realizado, alorreal; só a Causa é genuinamente real, autorreal.

Dizer que Brahman é a única Realidade e que fora dele tudo é irreal (como afirmam certos sistemas metafísicos) não é exato, como já lembramos. Se a Realidade age criadoramente, o termo final do seu agir criador não pode ser o puro Nada, o Irreal; se assim fosse, não teria havido ação criadora. Não, o que Brahman realiza não é *irreal*, nem é *real*, mas é *realizado*. Este *realizado* é um *real passivo*, e não um real ativo como Brahman, tampouco um *irreal passivo* como o puro Nada. O *real* é uma realidade inderivada, ao passo que o *realizado* é uma realidade derivada. O mundo não é real nem irreal, mas é realizado. Não é o *Todo* nem o *Nada*, é Algo.

O Algo, a *realidade derivada*, o *realizado*, chama-se "existência".

O Todo, a *realidade original, inderivada*, o *real*, chama-se "essência".

Na filosofia platônica, a realidade ou essência eterna das coisas chama-se "Eidos" (inadequadamente traduzido por "Ideia"), quer dizer, "imagem original" — ao passo que as realidades derivadas ou existências são chamadas "Eidolon" (Eidola, no plural), isto é, "cópias" do original. Do vocábulo "Eidos" derivamos "ideia"; da palavra "Eidolon" derivamos "ídolo". Quem adora a cópia (Eidolon) em vez do Original (Eidos) é "idólatra", cultor de ídolos.

* * *

O *prana*, isto é, a substância vital do Universo, chama-se também *sutratma*, que significa literalmente "fio de alma" (sutra = fio, cordel; atma ou atman = alma). Quer dizer que o prana ou elemento vital do cosmo une todas as coisas do Universo, assim como um fio ou cordel une as pérolas de um colar. O *prana* é por assim dizer, um protoplasma mental que permeia todas as células do grande organismo cósmico, fazendo dele um "Todo".[5]

Sutratma é, praticamente, a imanência de Brahman em todas as formas de Maya, tanto assim que a filosofia vedanta faz Brahman dizer: "Por mim, por meu Ser imanifesto, são permeadas todas as coisas", o que equivale dizer que todas as coisas são permeadas pela essência de Brahman, por sua invisível imanência.

Quando alguém sabe e experimenta a *impermanência* de todas as formas de Brahma e a *permanência* do Brahman amorfo, então é libertado do *karma* negativo das ilusões, redimido do pecado da dualidade, graças ao monismo absoluto; esse homem entrou no "seio de Brahman", que é *Nirvana*, e está isento de futuros nascimentos, vidas, mortes e reencarnações. Escapou do círculo vicioso do nascer, viver, morrer e renascer; só conhece o eterno Viver. Lançou-se, como que em linha reta, ao seio de Brahman e afundou-se no oceano do Infinito. Abandonou para sempre o doloroso *samsara* de *Maya* e descansa no delicioso *samadhi* do eterno *Nirvana*.

---

[5] A filosofia oriental nem sempre faz distinção nítida entre "mental" e "racional", como também acontece entre nós, infelizmente. O "sutratma" pode ser considerado tanto elemento mental como elemento racional, pode ser inteligência e pode ser espírito.

Consequências éticas da
metafísica de Brahman imanente
e transcendente

A experiência de Brahman personal, transcendente, cria no homem um senso de distância, de longitude — a pequenez do homem em face da grandeza de Deus. É a ética do senhor e do servo, do soberano e do súdito. Essa ética resulta da concepção de Deus como *Lei* externa (Moisés) a que o homem deve obediência incondicional, o que na religião de Maomé se chama *Islam* (submissão); compete a Deus mandar, e ao homem obedecer; Deus tem todos os direitos, e o homem tem todas as obrigações. É o domínio do fatalismo.

No cristianismo, essa relação dura e mecânica de senhor e servo aparece mitigada na forma de pai e filho, mas o conceito da transcendência continua a subsistir, ao menos no setor do cristianismo organizado das Igrejas.

Nas religiões e filosofias orientais predomina a concepção da *imanência* de Brahman no homem e na natureza, como essência amorfa e impersonal, e não como existência formada e personal, levando, não raro, a um panteísmo nivelador.

A relação completa e perfeita seria a concepção da transcendência e da imanência de Deus no homem e em tudo. Com efeito, Deus é transcendente a todas as suas obras, mas está imanente em cada uma delas. A transcendência é a sua personalidade ou existência formada e nominada, a imanência é a sua impersonalidade ou essência amorfa e anônima.

Deus é transcendente a tudo — mas a Divindade é imanente em tudo!

Onde predomina o conceito personalista da transcendência de Deus, o homem facilmente assume em face desse Deus longínquo e soberano uma atitude de temor e terror e só obedece por meio do *castigo* e pela esperança do *prêmio*, criando um espírito de escravo e de mercenário.

Neste plano de evolução, o homem é, geralmente, ético, porque pratica o *bem*, mas não é espiritual, porque não é *bom*. Ser bom se refere ao que o homem é, fazer bem se refere ao que o homem faz. Quem faz o bem é moral, quem é bom é espiritual. A ideia da transcendência de Deus favorece no homem o *fazer* externo, mas não necessariamente o *ser interno*, criando um culto ritual e legalista — a não ser que o homem ultrapasse a concepção de Deus como soberano distribuidor de castigo ou prêmio e chegue às alturas de ver nele o pai e amigo, ao qual o homem tenha amor desinteressado. Nasce, então, dentro do clima do Deus transcendente, a maravilhosa flor da *mística* romântica. O místico é espiritual no ser e ético no *fazer*.

Em todos esses ardentes amantes de um Deus personal e transcendente transparece, a cada passo, a intuição, mais ou menos consciente ou inconsciente, da imanência da Divindade no homem;

através do dualismo da forma transparece o monismo do conteúdo; a alma sente-se permeada de Deus, diluída em Deus, absorvida por Deus, mas continua, não obstante, a existir como entidade autônoma e eticamente responsável por seus atos. Essa estranha fusão de ética transcendente e mística imanente é, sem dúvida, a zona mais obscura, e também mais fascinante, do drama da evolução espiritual da humanidade.

Nessa zona, onde a ética se funde com a mística, desaparece o antagonismo entre *gozo* e *sofrimento*, que vigora nos planos inferiores. Gozo e sofrimento deixam de ser duas coisas contrárias e mutuamente exclusivas, passando a ser complementares uma da outra. A alma diluída na Divindade imanente, embora autônoma em face do Deus transcendente, já não quer amar sem sofrer, porque tem a profunda e deliciosa experiência de que amor meramente gozoso é um amor incompleto, menos genuíno e inebriante do que o amor doloroso. Essa alma ama a dor e sofre o amor, realizando o estranho paradoxo do *amor doloroso*, do *delicioso tormento*, da *luminosa escuridão*, do gozo levado ao supremo potencial da sua intensidade pelo sofrimento voluntário. A alma mística, nessa altura, pode dizer que é "sofrida de Deus", ou, como a esposa dos Cantares, "estou doente de amor".

O caso é que, nessa zona, o sofrimento deixou de existir como sofrimento, como algo desagradável, continuando a funcionar unicamente como elemento *polarizador* do gozo, como *catalisador* do amor, como nos avatares.

Nesta altura ocorre a mais completa fusão da imanência e da transcendência, o estranho consórcio entre a Divindade impessoal e o Deus pessoal. A alma, apesar de sentir entre si e Deus uma infinita distância, experimenta também uma infinita proximidade. A distância do Deus transcendente a faz sofrer, ao mesmo tempo que a proximidade da Divindade imanente a faz gozar. Mas, por mais estranho que pareça aos profanos, a alma iniciada na suprema mística sabe que a distância não exclui a proximidade — uma intensifica a outra, o gozo é polarizado pela dor; ama o sofrimento como complementar do gozo.

A alma, chegada a esse ponto de embriaguez mística, não se sentiria feliz nem na longínqua transcendência da divina majestade de um Deus personal nem na propínqua imanência da divina amizade de uma Divindade impersonal. A alma chegou a tão luminosa intuição que percebe que ela é ao mesmo tempo *essência divina* e *existência humana*, idêntica à Divindade pela essência, diferente de Deus pela existência.

E nessa identidade na diversidade está o último segredo da sua inefável beatitude, que os hindus chamam *ananda*.

Vida após a morte, reencarnação material e renascimento espiritual

Todos os grandes pensadores do Oriente concordam em que a vida humana é uma só, mas passa por diversos estágios evolutivos. Admitem também que o conteúdo espiritual-moral (*karma*) de uma etapa da vida não é anulado pela morte física, mas passa para a próxima etapa, com os seus elementos positivos e negativos.

A ideia, assaz comum no Ocidente, de que um ser humano possa ser obrigado a estacionar ou até sofrer eternamente por causa de erros cometidos em algum dos seus estágios evolutivos é unanimemente rejeitada por todos os grandes pensadores orientais, porque semelhante processo destruiria a lei de causa e efeito que rege todo o universo fenomenal. Se houvesse pena eterna, o efeito (punição eterna) seria infinitamente maior que sua causa (erro ou pecado temporário), e essa desproporção converteria a ordem do cosmo na desordem do caos. Nenhum erro temporário, por maior que seja, pode produzir um sofrimento eterno, uma vez que o eterno não é a soma total dos temporários.

De resto, se a liberdade do homem é atributo da alma, e esta não morre com a destruição do corpo material, segue-se logicamente que a alma continua livre para sempre e pode corrigir o seu erro quando quiser; pode desfazer o que fez.

Essa eterna evolução do homem, porém, não exige necessariamente uma "reencarnação" material, isto é, um regresso da alma em um invólucro físico; e, mesmo no caso em que essa reencarnação material se fizesse necessária, poderia ela realizar-se em outros corpos sidéreos, de que está repleto o Universo.

O regresso a um corpo material, a reencarnação física, só se realizaria no caso em que o homem desencarnado alimentasse veementes desejos materiais, pelo fato de não ter criado, durante a sua existência terrestre, um conteúdo imaterial suficientemente poderoso para lhe garantir compatibilidade com um ambiente superior à matéria física, em outros planos do Cosmo.

É sabido que um desejo intenso, longamente alimentado, se materializa aos poucos. As forças mentais são forças criadoras. Todos nós somos "demiurgos" pela inteligência; a força da magia mental cria o objeto correspondente aos seus desejos, seja no plano mental, seja no plano astral ou no material. Um materialista, quando fora da matéria, materializa o seu desejo de regressar à matéria, enquanto fora da matéria não encontrar ambiente propício para a sua felicidade. É como um peixe fora d'água; não pode viver no ambiente da atmosfera sutil e tentará voltar ao seu ambiente aquático.

A reencarnação material, portanto, é a concretização de um desejo intenso e diuturno — mas não pode ser considerada como o único meio de alguém saldar o seu débito, ou *karma* negativo, resíduo de uma existência anterior. O pagamento desse débito é possível em qualquer estágio evolutivo, mesmo fora da matéria física, uma vez que a base desse débito não está na matéria, mas no plano mental do homem. A mente, ou intelecto, é a única faculdade do homem que erra e peca. Esse elemento mental, porém, não abandona o homem quando ele desencarna fisicamente. Foi a mente do homem que pecou — o seu "Lúcifer" — e ela pode desfazer o que fez, em qualquer ambiente do Universo.

Muitos filósofos tentam também explicar pela reencarnação física as desigualdades dos indivíduos durante a existência terrestre – doenças, pobreza, morte prematura ou violenta, etc. Entretanto, embora estas desigualdades sejam, até certo ponto, explicáveis à luz de um *karma* negativo trazido de uma existência anterior, essa explicação falha quando remontamos ao primeiro elo dessa longa cadeia de existências sucessivas; não explica por que determinado ser humano tenha criado esse *karma* negativo, quando, na primeira encarnação, não havia nada de negativo que justificasse esse abuso da liberdade. Qual a razão por que "A" criou *karma* negativo, pecando, na sua primeira existência, se "B" e "C" e milhares de outros, iguais a ele no princípio, criaram *karma* positivo, isto é, crédito em vez de débito? O apelo à reencarnação, para explicar as desigualdades da vida presente, não nos fornece, pois, uma solução cabal e última, mas recua a dificuldade para eras remotas.

Embora seja possível o fato histórico e objetivo de uma reencarnação física, mesmo nesta terra, não existe *vínculo causal necessário entre reencarnação material e renascimento espiritual*. Pode ocorrer este sem aquela, e pode também haver aquela sem este. Todos os renascimentos espirituais narrados no Evangelho, no Novo Testamento e na história da humanidade em geral — Nicodemos, Madalena, Zaqueu, o ladrão na cruz, Paulo de Tarso, Francisco de Assis, etc. — ocorreram sem nenhuma reencarnação material. Donde se depreende que o renascimento pelo espírito não está necessariamente ligado, por um nexo de causa e efeito, à reencarnação pela matéria.

O renascimento pelo espírito é, em última análise, um processo autônomo, independente de qualquer favor externo, dependente tão somente do Eu racional ou espiritual do homem; prescinde da intervenção de fatores externos de terceiros, como ocorre na reencarnação, que depende, no plano físico, da cooperação dos corpos dos progenitores do reencarnando. O renascimento pelo espírito é obra eminente e exclusivamente individual — ao passo que reencarnação material só é possível por obra e mercê de terceiros. Pode esta ser um *fato histórico*, objetivamente real — mas só aquele representa um *valor humano*, subjetivamente realizado. A reencarnação está no plano horizontal das *quantidades externas* — o renascimento espiritual está no plano vertical das *qualidades internas*. Aquela pode *acontecer* ao homem — este deve ser *realizado* pelo homem.

A verdadeira evolução, porém, ou autorrealização, não é um fato que aconteça ao homem — mas é uma conquista que o homem realiza.

"O reino dos céus está dentro de vós."

O FASCÍNIO DO NIRVANA — INTEGRAÇÃO OU DILUIÇÃO DO EU?

Herman Keyserling, um dos últimos grandes filósofos germânicos, descreve, no seu maravilhoso livro *Reisetagebuch eines Philosophen* (Diário de viagem de um filósofo), a concepção tipicamente oriental que culmina no mais estranho e incompreensível de todos os fenômenos, o "nirvana".

Nirvana significa literalmente "extinção". A imagem é tirada de uma lâmpada que se apaga ao sopro do vento. Onde está a chama? Deixou de existir. Mas pode algo deixar de existir realmente? Pode ser aniquilado? Não. A chama continua a existir como energia cósmica universal, difundida pela imensidade do espaço.

É isso que acontece com o homem?

Todo pensador oriental conhece o desejo de certos místicos de voltar ao nada existencial. É a embriaguez de deixar de existir como personalidade (ou até como individualidade).

Nenhum ocidental que não se tenha identificado com esse pensamento oriental é capaz de compreender esse "nirvana", que lhe parece simplesmente absurdo. Quando o ocidental deseja não existir mais é sempre por causa de uma insatisfação com o pouco que a vida lhe deu e o muito que lhe negou;

a fuga do ocidental é um protesto contra a tirania ou injustiça de um destino adverso, aqui na Terra.

Certos orientais, porém, agem por motivo diametralmente oposto; não tentam escapar de uma *vacuidade*, mas procuram fugir de uma *plenitude*. É a plenitude da vida que os enfastia, que os oprime e atormenta; sentem-se opressos pela exuberância da natureza tropical que os envolve e invade de todos os lados. Estão cansados de ser parte integrante dessa luxúria vital de cada dia e de todos os anos; suspiram pela castidade do silêncio do não existir, da solene sacralidade do *nirvana* inexistencial. Libertação! — é este o brado metafísico do oriental; deixar de ser essa interminável onda individual, na superfície do oceano universal, e voltar ao seio profundo e eterno do taciturno Ser Universal, liberto do fastidioso *samsara* de nascimentos, vidas, mortes, renascimentos e novas vidas e mortes sem fim — é esta a embriaguez que enche certos sonhadores metafísicos da Índia e do Oriente em geral. Para eles, nós, os ocidentais, somos umas crianças ingênuas que se divertem ainda com os pequenos e grandes nadas deste ilusório mundo objetivo.

O senso nítido da individualidade autônoma, que caracteriza o homem ocidental, é, no oriental, substituído pela intuição da universalidade cósmica; ele não quer "existir", quer apenas "ser" – "apenas"? É o que parece aos ocidentais; mas, para ele, esse "apenas" não tem sentido, porque o seu "ser universal" lhe parece mil vezes mais real e rico do que todo o "existir individual", Verdade é que nem todos têm consciência nítida desse "ser universal" divorciado do "existir individual"; mas nem por isso deixam de se sentir por ele fascinados.

Quando ao homem tudo foi dado automaticamente, e nada resta a desejar, então essa plenitude lhe é tão mortífera como para outros é a vacuidade. O tormento da abundância é mais insuportável que a tortura da indigência.

Por isso, certos místicos orientais fogem do mundo para não se afogar no oceano da sua absorvente plenitude. Essa fuga não representa, para eles, uma fraqueza, mas sim uma afirmação de força.

Schopenhauer, budista ocidental, também cantou a apoteose do *nirvana*; mas é fácil perceber, nos sub ou supertons da sua filosofia, o amargo pessimismo que lhe inspirou esse protesto contra o mundo e a vida. No filósofo nirvânico oriental, porém, não há nenhum pessimismo, nenhuma acerbidade, nenhuma atitude de rancoroso protesto contra o mundo e a vida — há, sim, uma serena benevolência, uma profunda compaixão, uma nostalgia metafísica, um anseio anônimo que o ergue silenciosamente por cima de todas as pobres grandezas com que *Maya* ilude perenemente os seus devotados e ignorantes adoradores. Essa atitude, que no ocidental é fraqueza e mesquinhez, é, nesses orientais, força e grandeza, e todas as maravilhas da filosofia oriental brotaram, a bem dizer, do seio fecundo desse *nirvana*, desse desejo de libertação das limitações do próprio ego.

* * *

Entretanto, nem todo pensador oriental concebe o *nirvana* do mesmo modo. Para os que possuem intensa consciência individual, *nirvana* é a libertação definitiva de todas as limitações da personalidade; o eterno Eu rompe o casulo do ego temporário e expande as asas da sua autêntica individualidade. Que semelhança há entre essa maravilhosa borboleta do Eu e aquela prosaica lagarta do ego? Aparentemente, nenhuma. O homem de nítida consciência individual anseia por deixar o que *parece ser*, *para ser*, finalmente, o que *realmente é*, e jamais poderá deixar de ser.

Em última análise, ninguém pode deixar de ser o que é para se tornar o que não é; mas, como as potencialidades do Eu jazem, incógnitas, nas profundezas da natureza humana, ainda pela maior parte "terra inexplorada", parece que o homem-ego deve morrer totalmente para que o homem-Eu possa viver plenamente; parece que a lagarta deve morrer para que a borboleta possa viver. Na realidade, porém, a lagarta não morre, nem a borboleta nasce, em um sentido absoluto; esta, que vivia dentro da lagarta, continua a viver fora dela — assim como aquela, depois de morrer para a lagarta, continua a viver, em outra forma, na borboleta. Não há um *fim absoluto* na vida da lagarta, nem há um *princípio absoluto* na vida da borboleta. A lagarta morre, relativamente, e a borboleta nasce, também relativamente. Da mesma forma, não deixa o grão de trigo de existir como ser vivo quando morre como grão, nem a planta principia a existir como ser vivo quando brota. Há um "morrer relativo" naquele e há um "nascer relativo" nesta.

De modo análogo, quando o indivíduo humano se perde no *nirvana*, passa a personalidade-ego por uma profunda transformação, mas não deixa de existir. De persona separada, que o homem se julgava ilusoriamente, passa a ser uma personalidade unida e integrada, uma indivisa individualidade.

Certos filósofos orientais, porém, como já lembramos, não possuem o senso forte e nítido da sua individualidade, e por isso identificam o *nirvana* com a extinção total da individualidade humana, a completa dissolução do Eu. Para esses, o *nirvana* seria uma espécie de *eutanásia mística*, graças à qual o indivíduo humano se diluiria totalmente no Universal Absoluto, no grande Todo Cósmico. Assim como o dualista extremo comete uma espécie de *violento suicídio* quando se julga separado do Grande Todo, de modo análogo o panteísta radical comete uma *suave eutanásia* por uma (pretensa) identificação com Brahman. Tanto a separação como a identificação acarretam resultados mortíferos, seja pelo movimento centrífugo da excessiva distanciação, seja pelo movimento centrípeto da total identificação do finito com o Infinito. Se eu passar a ser o Nada ou o Todo, deixo de ser eu, porque nem o Nada nem o Todo são indivíduos; eu, porém, para ser eu mesmo, tenho de ser indivíduo.

O verdadeiro filósofo sabe que nenhum efeito existe separado da Causa Universal, nem idêntico a essa Causa; para que o efeito exista deve ser distinto da Causa, mas não separado dela, equidistante da separação e da identificação.

Em virtude desse *ser distinto* de Deus — *nem separado nem idêntico* — é que o homem pode ser eticamente responsável por seus atos, pode ser bom e pode ser mau por conta própria, porque essa distinção lhe garante a necessária consciência e liberdade para a autonomia individual.

Para o homem dotado de forte e nítida individualidade, *nirvana* é autorrealização — para o homem fraco e confuso, *nirvana* é auto extinção.

O EGO PESSOAL E O EU INDIVIDUAL DO HOMEM

Todos os mestres da filosofia racional e espiritual concordam em que o grande impedimento à definitiva realização e felicidade do homem está na sua ilusão de que o gozo seja algo separado do grande Todo (Deus).

Mas, em que consiste esse ego?

Acham certos filósofos que o nosso ego não é uma substância *permanente*, mas somente a soma total das nossas experiências sucessivas e *transitórias*, uma espécie de "feixe de atos conscientes", considerado como não inerente em nenhuma base fixa.

Essa concepção pode ser considerada como paralela ao que a ciência atômica chama "átomo". Que é um átomo? É alguma substância permanente como aquela "partícula indivisível" da teoria atômica de Demócrito de Abdera, na filosofia grega? A ciência moderna, de Leibniz até Einstein, não admite átomos como *partículas materiais*, mas reconhece átomos como *campos energéticos*, polarizados em *focos positivos* (prótons) e *focos negativos* (elétrons). Mas, perguntará alguém: em que consistem esses campos energéticos? Essas vibrações, positiva e negativamente polarizadas? Subsistem em si mesmas, sem base nem fundo? São vibrações autônomas, autossubsistentes, soberanamente independentes? Se assim é, então essas vibrações positivas e negativas, polarizadas em prótons e elétrons e equilibradas na unidade do átomo, são causa não causada, causa-prima absolutamente independente; são, praticamente, o que chamamos em filosofia o Absoluto, o Infinito, o Eterno (Deus).

Se o átomo estático-material de Demócrito ou o átomo dinâmico-energético de Einstein não inere em outra base como em sua causa eficiente e fonte produtora, então o átomo, quer estático, quer dinâmico, é a suprema e última Realidade do Universo, não somente do universo físico mas também do universo metafísico.

Entretanto, a ciência nuclear dos nossos dias já ultrapassou a concepção do átomo como consistente no jogo bipolar de prótons e elétrons; o último livro de Einstein sobre o "campo unificado" avança até a extrema fronteira do mundo físico, proclamando a Luz cósmica como a mãe de todas as coisas, inclusive dos prótons e elétrons do átomo. No princípio era a Luz; tudo foi feito pela Luz e sem a Luz nada foi feito de quanto existe — esta paráfrase do início do quarto Evangelho é, hoje em dia, uma conquista da ciência matemática e física: todas as coisas do universo físico, sem excetuar os 92 elementos da química, são "lucigênitas", filhas da Luz.

E a Luz, de que é filha?

Se ela fosse apenas mãe, sem ser filha de outra mãe, se a Luz fosse "pura atividade", sem nenhuma mescla de passividade, certamente a poderíamos proclamar como a Causa-Prima Absoluta do Universo. Entretanto, a ciência nos diz que a Luz, por mais ativa (velocidade de 300.000 km por segundo),[6] contém uma percentagem de passividade; a Luz, por mais imaterial, não deixa de ser material. A sua imaterialidade é máxima na zona da Luz; quer dizer que ela possui uma imaterialidade relativa, mas não possui uma imaterialidade absoluta; a Luz, por mais ativa ou vibrante, não é absolutamente ativa, porque materialidade é passividade, embora demos à Luz, digamos, 99% de atividade e apenas 1% de passividade. Este único grau de passividade ou materialidade proíbe-a de ser atividade absoluta e total.

O que a Luz tem de ativo e vibrante é o seu fator positivo; o que ela tem de passivo e inerte é a sua tara negativa. Se a Luz fosse Causa-Prima Absoluta, Causa não causada, devia possuir (infinita) atividade e zero passividade; devia ser o *"actus purus"* (a pura atividade) de que fala o filósofo de Estagira. Mas não é o que acontece. A Luz, embora a mais ativa de todas as coisas no universo físico, não é infinitamente ativa no Universo tomado em seu sentido total e absoluto. Para além da extrema fronteira da Luz, deve haver algo mais ativo, e, em última análise, a lógica nos obriga a chegar a um ponto último onde haja algo de *infinita atividade* e de *zero passividade*,

---

[6] Essa é a velocidade da luz, mas a sua vibração vai a centenas de milhões por segundo.

ou seja, a Realidade Absoluta sem nenhum vestígio de irrealidade relativa.

Isso, no plano do mundo *material*.

Fato análogo se dá no plano do mundo *mental*.

O "átomo mental" do nosso ego consciente não pode consistir em simples vibrações mentais ou atos conscientes, nem mesmo subconscientes. Por detrás desse "átomo mental" do ego deve haver algo que lhe sirva de fundo de inerência, assim como a Luz física é o fundo em que inerem as vibrações polarizadas dos prótons e dos elétrons. E esse mesmo fundo de inerência, essa espécie de luz de que os nossos atos conscientes e subconscientes são filhos, também não pode ser autossubsistente.

À luz do paralelismo físico-mental que construímos, os atos conscientes e subconscientes do nosso ego personal correspondem aos átomos protônico-eletrônicos da física nuclear — ao passo que o fundo em que esses atos inerem corresponde à Luz da fórmula einsteiniana. Esse fundo ou substrato superconsciente, de que o ego é manifestação consciente ou subconsciente, é o Eu. Nessa "luz" do Eu inerem e dela emanam os raios do Eu.

Mas, assim como a Luz física supõe algo anterior a ela, e causa da mesma, de modo análogo o nosso Eu, embora causador do ego, também é causado por uma Realidade superior; não é autônomo, independente, mas heterônomo, dependente, exigindo, em última análise, uma Realidade Absoluta como Causa-Prima.

* * *

O ego não é, pois, ego subsistente em si mesmo nem separado do seu vasto substrato. O ego é um objeto derivado, que inere no sujeito do Eu, também derivado. Ambos, porém, inerem, ultimamente, numa Realidade não derivada.

O intelecto, que só atinge certa fronteira, considera o ego como algo separado e autossubsistente, criando a ilusão da "persona" ou máscara. Quando um ator fala no palco através da máscara de rei ou de mendigo, nem por isso é ele rei ou mendigo; por detrás da máscara (em latim: *persona*) está o indivíduo. Esse homem não "é" rei nem mendigo, mas "funciona como se fosse" esses indivíduos. É um indivíduo mascarado de personalidade. O real é indivíduo (o "indiviso"), o fictício é a persona ou máscara.

Dizem de mim que sou professor e escritor, mas eu não "sou" nem isto nem aquilo, "funciono" apenas, no plano horizontal, por meio desses atributos ou "personas", no cenário da vida terrestre. Eu sou o meu Eu, o indivíduo, que desempenha, por algum tempo, o papel do ego personal de professor e escritor. Eu "tenho" essa profissão transitória, mas eu não "sou" permanentemente isto. Eu sou o meu Eu individual, e não o meu ego personal.

Daqui a alguns anos ou decênios, não sei em que partes do Universo o meu Eu permanente e central desempenhará a função transitória de algum outro ego periférico, quiçá de operário ou varredor de ruas, possivelmente também de embaixador ou chefe de Estado. Entretanto, sejam quais forem as minhas funções transitórias e personais, o meu Eu permanente e individual será sempre o mesmo, inatingido pelas vicissitudes periféricas. O meu Eu é eternamente idêntico a si mesmo. Jamais me pode divorciar do meu Eu central, porque isto sou eu.

Esse Eu central, todavia, não é acessível ao intelecto analítico; dele só tem noção a minha razão intuitiva. Para o intelecto só existe o ego, isolado, separado — para a razão existe o Eu, unido e solidário com o Todo.

O senso da separação do ego gera a consciência do *pecado*, ao passo que a consciência do Eu unido opera a *redenção*. A inteligência (Lúcifer) peca, a razão (*Lógos*) redime. A inteligência cria a ilusão da separação, a razão conduz à verdade da união.

Uma criatura autossubsistente é uma contradição em termos. Nenhuma criatura, precisamente por ser criatura, pode ser autônoma; toda criatura é por si mesma heterônoma.

Quando a inteligência cria o senso da autonomia do ego, abre a porta do egoísmo, isto é, ao culto ou idolatria do ego como sendo uma divindade autônoma. O pecado é essencialmente a ilusão intelectual do separatismo do ego, que, nessa ilusão, tenta proclamar a sua independência. O sentido primitivo de "pecado" (em latim *peccatum*, em grego *harmartia*) é "falha", "desacerto". Esse vocábulo era usado na Antiguidade para expressar o fato de ter um flecheiro, nos jogos olímpicos, falhado o alvo a que atirava. A palavra germânica para pecado é *Suende* que vem do verbo *sondern*, isto é, "separar". Também o inglês *sin* (pecado) e *asunder* (separado) têm o mesmo radical.

* * *

Os livros sacros de todos os povos chamam ao ego pessoal, constituído de elementos físico-mentais, o "homem velho", o "homem terreno", o "homem externo", o "inimigo", o "escravo" – ao passo que designam o Eu individual, racional-espiritual, como o "homem novo", o "homem celeste", o "homem interno", a "nova criatura em Cristo". Os termos "velho" e "novo" referem-se ao processo da nossa consciência e sua progressiva evolução histórica, segundo a qual descobrimos primeiro o nosso ego físico-mental (a persona), e só depois o nosso Eu racional (o indivíduo). Entretanto, assim como no homem sensorial estava latente o homem intelectual, de modo análogo também no homem sensorial intelectual está latente o homem racional. A autorrealização do homem não consiste na introdução de um elemento novo, inexistente no homem, mas na evolução do Eu central, sempre existente no homem, embora em estado embrionário e ignorado.

A completa autorrealização do homem consiste, pois, na integração total do ego físico-mental no Eu racional. Com essa integração do ego no Eu, atinge o ego a sua suprema perfeição — nasce o homem univérsico, cósmico, crístico.

Pensamentos são forças poderosas

É opinião geral entre os inexperientes que pensamentos não sejam coisas reais, como ferro, água, luz, eletricidade, dinamite, etc. E por isso dão pouca importância aos pensamentos e sua qualidade; permitem que pensamentos de todo gênero lhes passem pelo cérebro.

Entretanto, está cientificamente provado que pensamentos são coisas reais, em forma de energia ou forças, assim como o impacto de um martelo sobre a bigorna, ou como a corrente elétrica que se manifesta em força, luz ou calor, embora a eletricidade em si mesma seja invisível. Um fio de cobre de alta tensão, com 1.000 volts, parece algo inofensivo, inerte e fraco; mas, no momento em que o tocarmos com a ponta do dedo, estaremos mortos — fulminados por uma realidade invisível.

Há pensamentos que envenenam e matam — e há pensamentos que dão saúde e vida mais abundante.

Há pensamentos destruidores — e há pensamentos construtores.

A física nuclear dos nossos dias provou que tanto mais real é uma coisa quanto menos material. O que é material possui um mínimo de realidade e um máximo de irrealidade.

A substância material está, por assim dizer, apenas um grau acima do nada, porque a sua passividade é grande e sua atividade é pequena.

A energia possui mais atividade e menos passividade.

A luz, sobretudo a luz invisível, possui o máximo de atividade ou realidade e o mínimo de passividade ou irrealidade de todas as coisas do universo físico.

O pensamento, sendo menos material que a matéria sólida, a energia e a luz, possui um poder maior que essas realidades físicas.

Acima da força mental do pensamento está a força racional (ou espiritual) da experiência intuitiva. Segue-se que a força racional pode dominar:
— a mente,
— a luz,
— a energia,
— a matéria.

Tudo é possível, neste mundo, àquele que tem a faculdade racional altamente desenvolvida, porque todas as outras forças subalternas da natureza lhe estão sujeitas.

Essas forças existem em nós, mas em estado de dispersão ou latência, e por isso não manifestam a sua força.

A luz solar que incide na superfície de uma lente de 10 cm de diâmetro não produz calor e luz. Mas, se eu concentrar essa mesma luz espalhada sobre a lente de 10 cm e a reduzir ao diâmetro de 1 milímetro, já exerce sobre o dorso da minha mão um calor tal que não suporto por meio minuto. Se conseguir um foco do tamanho de uma ponta de alfinete, ou menor, e colocar papel ou lenha seca nesse foco, dentro de poucos segundos sairá fumaça, depois brasa e, finalmente, chama; e não me será possível fixar por mais tempo esse foco sem cegar os olhos. Donde vieram esse calor e essa luz? Do globo solar, que dista da nossa terra 150 milhões de quilômetros. Esse calor e essa luz estavam presentes antes de eu os apanhar na lente, mas se achavam em estado de dispersão, e por isso não produziam efeito. O efeito é, pois, condicionado (não causado!) pela concentração de uma força presente. A lente não produz causalmente esse calor e essa luz, mas torna perceptível a sua presença mediante a concentração do que andava disperso.

Coisa análoga acontece com a "lente mental". De fato, a nossa mente funciona como uma lente: não produz causalmente o efeito, mas é a condição necessária para concentrar uma força e uma luz já preexistentes.

Essa força e essa luz são o nosso Eu racional ou espiritual, o qual, por sua vez, é uma individualização da Força e da Luz Universais. O infinito oceano de força e luz fora de mim existe em mim, no meu Eu central, como individualizado; a Essência divina está em mim em forma de existência humana, cujo centro íntimo continua a ser essa mesma Essência divina. A mente ou o intelecto é uma lente, um condensador e um canalizador dessa força e luz.

Nosso Eu espiritual pode ser comparado com um grande lago de águas plácidas no alto de uma montanha. Enquanto ninguém canalizar essa água, ela permanece parada; mas, se canalizarmos parte dessa água do lago rampa abaixo, para o sul ou norte, para o leste ou oeste, então a água começa a correr na direção do canal.

Da mesma forma, pode nossa mente canalizar as águas espirituais da nossa alma, ou Eu, e essas correntes atuam lá para onde as canalizarmos.

Forças espirituais são forças positivas — ao passo que as forças mentais canalizadas pela mente podem ser positivas ou negativas, conforme o seu caráter dado pela vontade.

O grau de pureza ou impureza das correntes mentais canalizadas depende da presença ou ausência do grau de egoísmo dessa mesma mente. Se ela se mantém isenta de qualquer laivo de egoísmo, então as águas fluem com absoluta pureza, e só podem produzir efeitos benéficos e construtivos.

O egoísmo consiste em um amor-próprio *exclusivista*. Quando o ego se ama a si mesmo, e desama outros seres, excluindo-os do amor a si mesmo, esse amor-próprio é impuro, ou egoísta. Mas quando o ego ama os outros seres assim como ama a si mesmo, então esse amor-próprio é puro, porque inclusivista.

Pensamentos egoístas, sendo negativos em sua própria natureza, produzem necessariamente efeito negativo, isto é, destruidor, mau. Tudo que é destruidor a longo alcance, mesmo que produza benefício imediato, é mau. Um ladrão que rouba ou um homem que mente podem tirar desse egoísmo alguma vantagem imediata e transitória, mas o efeito remoto é necessariamente destruidor e mau. Se assim não fosse, a Constituição do Universo não seria um cosmo (ordem), mas sim um caos (desordem).

Está, pois, no interesse vital do homem canalizar correntes sadias e construtoras, uma vez que só estas promovem um bem-estar e uma felicidade reais e permanentes. Ninguém pode ter a presunção de querer destruir ou modificar as eternas leis do cosmo; seria tão absurdo como arremeter com a cabeça contra o Corcovado, o Itatiaia ou o Himalaia; quem sairia prejudicado não seriam essas montanhas, mas sim o incauto agressor. A sabedoria está em que o homem conheça as leis eternas e sintonize o seu querer agir com essas eternas leis que regem o Universo. Essas leis, porém, exigem o bem universal, a solidariedade cósmica, e não permitem a vantagem de um ser construída sobre a desvantagem do outro.

Unipolaridade, o segredo da força

O homem profano é pluripolar. Sua atenção se dispersa, sem cessar, por um vasto campo de objetos, cada um dos quais é ligeiramente focalizado, mas nenhum deles intensamente polarizado. A imprensa, o cinema, o rádio e a televisão levaram ao clímax essa dispersividade.

Quando o homem profano tem vivo interesse em alcançar um determinado objetivo material, polariza ele, intensa e diuturnamente, a sua atenção nessa direção.

Alguns polarizam sua atenção rumo a um ideal científico, artístico ou filantrópico, e conseguem, depois de algum tempo, o que desejam.

Nossa corrente mental é uma força, que cresce na razão direta da sua concentração ou polarização. São poucos os homens que conseguem polarizar suficientemente a força mental para materializar determinado objetivo. A diuturna concentração mental em um único ponto é um processo difícil para a maior parte dos homens. Uma polarização mental de uma hora, por exemplo, sem um único desvio, é coisa raríssima no plano da humanidade comum. Entre milhões de homens talvez se encontre um só que consiga realizar essa focalização por cinco minutos sequer.

Quando, então, o homem ultrapassa o plano horizontal dos interesses físico-mentais, dos resultados mais ou menos imediatos e palpáveis; quando começa a polarizar a sua atenção na suprema e única Realidade que, para ele, está ainda em um futuro longínquo, sem nenhuma experiência certa do passado, cresce a dificuldade dessa polarização, exigindo dele uma "fé" quase sobre-humana. Essa suprema Realidade, quando apreendida como *transcendente*, é chamada Deus e, quando concebida como *imanente*, é chamada o Eu; mas em qualquer hipótese, quer transcendente, quer imanente, a dificuldade é a mesma, porque tanto o Deus do universo de fora como o Deus do universo de dentro estão, praticamente, a uma distância infinita, seja *a infinita longitude de fora, seja a infinita proximidade de dentro*.

São duas grandes incógnitas, de nenhuma das quais temos experiência real. Geralmente, é mais fácil focalizar a atenção em um Deus infinitamente distante do que em um Deus infinitamente próximo, embora este último processo seja o mais necessário.

Este ato de polarização, pelo menos no início, é de índole mental, embora o grande reservatório de energia de que esse ato parte e de cujo conteúdo haure sua força seja racional, e o seu ponto final também seja racional. A polarização, a princípio, é mental ou analítica, isto é, intelectualmente consciente, passando aos poucos a ser racional (espiritual), isto é, superconsciente ou intuitiva.

Três fatores determinam o resultado da polarização mental-racional: 1) sua *intensidade*, 2) sua *duração*, 3) sua *assiduidade*.

O principal desses fatores, porém, é o da intensidade. A intensidade consiste no grau de condensação da consciência e na exclusão de qualquer elemento dispersivo. Enquanto o homem ainda tem qualquer noção de tempo e espaço, de objeto e sujeito, não está plenamente polarizado. A crescente intensificação é comparável a linhas convergentes que, finalmente, se perdem em um ponto indimensional; enquanto ainda há consciência de duração e dimensão, não há concentração total. Quando a intensidade atinge o zênite, a extensidade atinge necessariamente o nadir; *à plenitude do intensivo de qualidade corresponde a vacuidade do extensivo da qualidade*. Esse total esvaziamento da consciência físico-mental é condição *sine qua non* da plenificação da consciência racional. "Ninguém pode servir a dois senhores." A plenitude de uma supõe a vacuidade da outra consciência, como a presença da luz exige a ausência das trevas.

Tempo e espaço são duas categorias que dominam todo o nosso mundo físico-mental, e dificilmente conseguimos nos libertar dessa tirania. O estado de vigília mental em que vivemos durante o dia não é uma plena vigília; é uma espécie de sono ou sonho, e o que nele percebemos não é muito mais real do que aquilo que ocorre na inconsciência do sono ou na subconsciência do sonho. A vigília mental é uma espécie de sonambulismo semiconsciente, semi-inconsciente. Nesse estado de sonambulismo mental, todas as realidades são aferidas pela bitola dupla de tempo e espaço, ou seja, duração e dimensão; mas como essas categorias não representam objetos reais, senão apenas modos de percepção subjetiva, é claro que os fenômenos apreendidos através do prisma do nosso sonambulismo físico--mental não possuem plena realidade. São reflexos de uma realidade, como imagens em um espelho, mas não são essa realidade. Se conseguíssemos transcender o plano do sonambulismo mental e entrássemos na zona da plena vigília racional, só então veríamos a realidade face a face, assim como em si mesma ela é.

A finalidade da polarização é a entrada nessa zona real, o despertar para a plena vigília.

* * *

Essa polarização intensa, porém, não deve ser feita de modo que sobrecarregue e arruíne os seus veículos materiais, que são, em primeiro lugar, os nervos do corpo. Toda polarização mental-racional é acompanhada de um *processo vibratório* dos nervos. A frequência vibratória dos nervos não é susceptível de uma potencialização rápida. Um único grau de potencialização ulterior representa um esforço nérveo tão grande que não é realizável em menos de algumas semanas ou meses, consoante a resistência de cada organismo individual. E, mesmo neste caso, deve essa potencialização de frequência vibratória ser contrabalançada prudentemente por trabalhos físicos e outros derivativos apropriados. Por isso, os discípulos da mística devem praticar exercícios corporais ou esportivos tais que lhes sejam suficiente contrapeso para os exercícios de concentração mental-racional.

É sabido que a polarização interna diminui e retarda gradativamente o movimento de *respiração* pulmonar e da *circulação* do sangue, ao passo que qualquer exercício físico acelera esses movimentos. Em estado de repouso normal, sem concentração, o homem respira cerca de 15 a 16 vezes por minuto; mas quando se abisma em profunda concentração a respiração decresce e baixa, não raro a 4 por minuto; e, quando o homem se entrega a exercícios físicos, a respiração aumenta para 30 e mais por minuto, acompanhada de uma correspondente aceleração da circulação do sangue. A polarização parece-se com a hibernação de certos animais, com a diferença de que o animal em hibernação reduz ao mínimo o processo vital para impedir o gasto de energias, que nesse estado não são renovadas por ulterior assimilação de calorias — ao passo que o homem em estado de polaridade mental-espiritual potencializa, ao máximo, qualitativamente, a quantidade de energias presentes, não necessitando, por isso, de haurir novas quantidades de fora.

Esse revezamento de concentração e expansão é necessário para que os veículos materiais da polarização mental-espiritual, os nervos, não sofram prejuízo e possam suportar o crescente impacto de uma potencialização cada vez maior. Se sobre uma lâmpada de 25 watts soltarmos uma corrente elétrica de 500 volts, ela explodirá no mesmo instante; mas, se pudéssemos elevar, gradual e lentamente, a resistência dos filamentos incandescentes (o que, neste caso, é impossível), não haveria perigo de destruição da lâmpada. O que no plano da mecânica elétrica é impossível é possível no plano do organismo vivo: a resistência dos nervos pode ser potencializada gradativamente, tornando-se, assim, veículo idôneo para receber uma voltagem mental-espiritual cada vez maior. E o grau de consciência cresce na razão direta da refinação das antenas dos nervos corpóreos.

É difícil, ou mesmo impossível, regular esse processo de potencialização por meio de livros, razão por que é de importância a presença de um mestre ou guru experimentado que conheça por experiência própria — e não apenas pelos livros ou de ouvir dizer — todo esse processo, seus mistérios, seus perigos e seus auxílios.

Quando os nervos alcançarem elevado grau de resistência e vibratibilidade, é possível uma unipolarização tão intensa, uma focalização racional-espiritual tão veemente que todos os objetos do ambiente físico-mental, sem excluir o próprio sujeito, deixem de existir. Percepções sensitivas e pensamentos intelectuais são eclipsados pela claridade da intuição racional-espiritual. A intensidade "100" reduz a "0" a extensidade. O homem cruza a fronteira das *quantidades externas* e atinge a zona da *qualidade interna*, estado esse que se chama *êxtase* ou *samadhi*. Para todos os efeitos físico-mentais do plano horizontal, esse homem "morreu" — e é por isso mesmo que ele "vive" intensamente, na maravilhosa expressão do apóstolo Paulo. A unipolaridade é, por assim dizer, um "suicídio", uma morte da consciência sensorial intelectiva, condição necessária para o nascimento da consciência racional-espiritual. "Se o grão de trigo não morrer, ficará estéril — mas, se morrer, produzirá muito fruto." (Jesus, o Cristo).

* * *

Pediram a alguém que apagasse o brilho da lua e das estrelas noturnas. O encarregado tentou em vão realizar o impossível. Estendeu uma cortina opaca no ar para interceptar a luz lunar e estelar; mas o subescurecimento era apenas parcial, por todos os lados da cortina passava a claridade. Resolveu produzir espessas nuvens de fumaça, cobrindo grande extensão do céu noturno; mas para além dessa nuvem artificial continuavam a brilhar a lua e as estrelas. Desanimado, desistiu do intento, quando um amigo se ofereceu para realizar o impossível. Que fez ele? Não procurou apagar o brilho da lua e das estrelas, chamou simplesmente o sol para surgir e derramar a sua intensa claridade por todas as latitudes e longitudes do firmamento, e eis que desapareceu no mesmo instante a semiluz da lua e das estrelas ante a pleniluz do sol! Aqueles corpos sidéreos, é verdade, continuavam a existir e a brilhar no firmamento como durante a noite, mas o seu brilho era totalmente eclipsado pelos veementes fulgores do rei dos astros.

É o que acontece na intensa polarização do nosso espírito. Não é possível fazermos cessar o ininterrupto "samsara" dos sentimentos e pensamentos sem nos abismarmos primeiro no silencioso "nirvana" da consciência bramânica. Também aqui prevalece o *horror vacui* da natureza. Enquanto não despontar o sol de uma intensa unipolaridade espiritual, não cessarão de brilhar a lua e as estrelas da consciência físico-mental. A pleniluz polarizada da consciência cósmica eclipsa todas as semiluzes da consciência egoica.

E nessa consciência unipolarizada é que está toda a nossa força e felicidade, porque nesse foco espiritual deixa o homem de se sentir *personalidade* separada do grande Todo e experimentará, nas profundezas do seu verdadeiro Eu, a sua indivisa *individualidade* com Brahman. Cai a máscara do falso *ego* e aparece o semblante do verdadeiro *Eu* — a personalidade pecadora criada pelo Lúcifer do intelecto é redimida pela individualidade salvadora do *Lógos* da razão. O homem conhece a verdade sobre si mesmo, e a verdade o liberta.

Que luminosidade, que calor têm os raios solares que incidem sobre uma área do diâmetro de um palmo? Insignificantes. Mas, se fizermos passar essa mesma luz por uma lente e a centralizarmos em um foco indimensional, será tão intensa a luminosidade que a nossa retina não lhe suportará

o fulgor, e tão grande será o calor que, aplicado à mão, deixará dolorosa queimadura, servindo até para atear fogo em papel ou fragmento de madeira.
De onde vem a diferença?
Unicamente da concentração da luz e do calor. Se o homem conseguisse concentrar-se no seu verdadeiro Eu, em vez de andar disperso pelas periferias do seu pseudo-eu, teria suficiente luz para aclarar todos os caminhos da sua existência, aquém e além-túmulo, e bastante calor para realizar com amor e entusiasmo tudo aquilo que agora lhe parece difícil ou impossível. Tudo que agora chamamos difícil, pesado, amargo, cruciante, impossível, nos parece assim unicamente porque não conseguimos focalizar a luz e o calor que em nós estão, mas se acham em estado de dispersão. Dispersão é fraqueza — polarização é força. Se o homem conseguisse focalizar sua atenção em um único ponto e adquirisse certa facilidade nessa focalização, realizaria coisas estupendas, em qualquer setor da vida, mesmo nos afazeres do plano material e mental. Que faz o mago, o faquir para dominar as forças do seu organismo, ou até objetos fora dele? Unipolariza a sua energia mental.

A capacidade de uma intensa polarização é uma espécie de navalha afiadíssima com a qual podemos realizar trabalhos de alta precisão e perfeição, que com uma faca comum seriam impossíveis. Entretanto, uma navalha afiada não determina, por si mesma, qual a espécie de trabalho a ser prestado; tanto pode servir para matar uma pessoa como para salvar uma vida; é um instrumento idôneo que, nas mãos de um assassino, produz efeito maléfico, e nas mãos de um médico produz efeito benéfico.

A disciplina unipolarizada (ioga) nada tem que ver com religião ou espiritualidade. O seu caráter é, de per si, neutro e indeterminado. Pode ser posta a serviço de qualquer objetivo, positivo ou negativo, mesmo o mais profano e negativo.

Mas, em qualquer hipótese, essa unipolaridade é uma força que o homem deveria adquirir para sua própria libertação. O homem profano é escravo de tudo e de todos, constantemente derrotado pelas adversidades da natureza e pelas perversidades dos homens — quando não há motivo algum para ele ser vítima inerme dessas forças. O homem poderia e pode criar de dentro de si mesmo uma força maior do que todas as forças externas. "Tudo é possível àquele que tem fé", isto é, que descobriu e polarizou a sua força de dentro. Nem frio nem calor, nem fome nem sede, nem moléstias nem acidentes, nem censuras nem louvores, nem a própria morte teriam poder sobre o homem se ele despertasse dentro de si as forças que nele dormitam e que o poderiam tornar senhor e soberano do seu destino.

Da mesma forma, seria possível ao homem emancipar-se do impacto que a opinião pública costuma exercer sobre ele; em face de uma ofensa ou injustiça não teria ele a necessidade de pagar negativo com negativo, mal com mal, que é prova de fraqueza e derrota; poderia opor à fraqueza do negativo recebido a força do positivo retribuído.

Se isto, por via de regra, não lhe é possível, é unicamente porque o homem não conseguiu ainda encontrar o seu verdadeiro centro e polarizar todas as suas forças para dentro desse Eu.

A unipolaridade mental, sem o seu complemento espiritual, é um perigo, porquanto a inteligência é, por sua natureza, egoísta e quase sempre põe as suas conquistas a serviço do seu ego unilateral, mesmo com prejuízo de seus semelhantes.

É perigoso parar no plano inclinado da unipolaridade mental!

As forças mentais são as maiores forças do Universo, abaixo da razão.

Ai de quem põe a força mental a serviço da destruição!

Bem age aquele que põe as forças mentais a serviço da razão universal, em prol da sua plena autorrealização e da redenção da humanidade!

Função restritiva da consciência físico-mental do ego

Os sentidos e o intelecto têm uma função *eliminatória* ou *restritiva* na vida humana, e não uma função *criadora* ou *produtiva*.

Se a Realidade Total exercesse o seu impacto pleno sobre algum indivíduo, deixaria este de existir como indivíduo, sucumbiria fulminado pela Realidade Absoluta e Integral. Todo indivíduo, para existir, necessita de uma espécie de *válvula de retenção e redução*, de um dispositivo que amorteça e suavize o choque da Realidade Total sobre ele. Nenhum "existir" comporta a plenitude do "Ser".

Esse amortecedor ou retentor consiste nos sentidos e no intelecto, faculdades que se interpõem entre a vida do indivíduo e a Realidade Absoluta, tornando possível a existência individual.

Recorrendo a outra comparação, poderíamos equiparar a Realidade Total à luz incolor, e os indivíduos às luzes coloridas e dispersas pelo prisma. Cada uma dessas cores, dispersas e suavizadas pelo prisma, corresponde a um determinado indivíduo ou a uma categoria de seres. O prisma, nesse caso, funciona como a nossa consciência físico-mental, não permitindo que a Realidade Total nos aniquile com a sua veemência. É uma espécie de válvula de retenção.

De vez em quando aparece no mundo um homem no qual essa válvula de retenção deixa passar mais luz do que nos indivíduos comuns; a válvula cede, abre-se mais — e a Realidade cai quase em cheio sobre o indivíduo humano; se este recebesse, de fato, toda a plenitude do Ser Infinito, é certo que não resistiria ao impacto e se desintegraria instantaneamente.

Dizem os cientistas que a nossa Terra está envolta numa camada atmosférica de centenas de quilômetros de espessura, e que essa camada representa uma proteção contra a radiação cósmica dos espaços intersiderais; se faltasse ao nosso globo esse invólucro protetor, nenhuma vida orgânica seria possível sobre a face da Terra.

Os nossos sentidos e o intelecto funcionam como meios protetores entre nós e o Infinito, tornando-nos possível a vida individual. Quando alguém sobe muito alto — à "estratosfera" do êxtase místico —, recebe em cheio o impacto da "radiação cósmica" da Divindade, e, em geral, o organismo humano não resiste a este choque, a não ser que tenha passado por uma conveniente e gradativa preparação.

* * *

A Realidade Absoluta, ou oniconsciente em si mesma, não é uniconsciente. Acha-se em um estado neutro (Brahman, o Vácuo, o *Nirvana*, o Absoluto). Falta-lhe a polaridade, sem a qual não há uniconsciência (ciência com). Brahman como Brahman, em estado de completa neutralidade incolor, é uma simples ficção de nossa mente. Brahman só é concebível como Brahma, isto é, como Deus-Criador. E, nesse estado de polaridade Essência-Existência, Ser-Agir, Deus é concebível como consciente.

Um peixinho perguntou à mãe: "Que é a água, e onde está ela?" A mãe não sabia responder, nem se lembrava de ter alguma vez visto tal coisa como água. Mas o peixinho insistiu, porque tinha ouvido, lá mais para cima, uma voz que lhe dissera: "Peixe, não saia da água! Senão, vai morrer!" Pelo que mãe e filho percorreram (ou antes, "pernadaram") os sete mares do globo, perguntando a todos os filósofos da espécie o que era água e onde estava ela. Mas ninguém sabia responder, e até o presente dia nenhum peixe descobriu a água — por falta de polaridade, porque nunca viu o contrário, a não--água, nunca esteve fora d'água, e por isso não pôde descobrir a água.

Se nós nunca tivéssemos experimentado treva, nada saberíamos da luz. Se nunca tivéssemos entrado em contato com alguma morte, ninguém teria consciência da vida. Só conhecemos o "sim" pelo "não".

A tese está além da Antítese e da Síntese. O Oniconsciente parece inconsciente.

Quanto mais cresce no indivíduo a consciência universal, tanto mais cresce também, proporcionalmente, a consciência individual; o aumento do universal aumenta o individual, como os dois pólos de um ímã. Só um homem que atingiu a plenitude da sua individualidade é que pode, de fato, ser um homem universalizado, oniunivérsico. Quanto mais o homem se humaniza (individualiza) tanto mais se diviniza (universaliza). O Cristo atingiu o máximo do humano, porque o seu elemento divino havia atingido o mais alto grau. O zênite do "filho de Deus" coincide com o zênite do "filho do homem".

AUXÍLIOS FÍSICOS
PARA A MEDITAÇÃO

Devido à íntima união entre o nosso ego corporal e o Eu espiritual, é necessário que aquele se transforme, aos poucos, em um perfeito instrumento deste, sob pena de dificultar ou frustrar a autorrealização do homem.

Um desses auxílios relaciona-se com o relaxamento de todas as tensões musculares do corpo.

Existem em nosso organismo dois tipos de músculos: 1) os músculos *esqueletais*, das pernas, dos braços e da cabeça, presos aos ossos, e 2) os músculos *viscerais*, do coração, dos pulmões e das vias digestivas. Os da primeira classe obedecem aos impulsos da nossa vontade consciente, ao passo que os da segunda classe funcionam automaticamente, pelo instinto vital subconsciente. Ai de nós se os músculos viscerais dependessem do nosso querer consciente! Não poderíamos dormir nem trabalhar eficientemente sem perigo de morte.

Quando se aplica uma injeção de anestésico em algum músculo, ficam paralisados os nervos que acionam esse músculo, e o homem perde a sensibilidade nessa zona do corpo; as ordens da vontade consciente não mais são transmitidas aos respectivos músculos, porque o trânsito foi interrompido pela ação do anestésico. O faquir vai além;

consegue dar injeção mental, em vez da costumada injeção física, suspendendo, total ou parcialmente, por certo tempo, a sensibilidade dos nervos que acionam não só os músculos esqueletais, mas até os do sistema visceral, paralisando a atividade do coração e dos pulmões; mas o sangue continua a circular e o oxigênio a ser fornecido, graças ao império da vontade.

Se a anestesia paralisasse também os músculos viscerais, não poderia esse processo ser aplicado ao corpo humano sem que o homem morresse; felizmente, porém, o automatismo dos músculos viscerais, como dissemos, independe da vontade consciente e da atividade dos músculos esqueletais.

O homem comum tem certo domínio sobre os seus músculos esqueletais, ao passo que os viscerais escapam quase totalmente ao seu controle consciente. Só com muitos e árduos exercícios consegue ele influenciar essa classe de músculos, e com isto entra na zona de um glorioso domínio sobre o seu corpo e prepara a sua libertação da escravidão do mundo objetivo. Quando esse domínio do sujeito sobre os objetos atinge o máximo da sua intensidade e facilidade, então pode o homem fazer com seu corpo o que o jogador de xadrez faz com as figuras do tabuleiro: dá ordens ao corpo e o corpo obedece e executa essas ordens. Os estoicos de todos os tempos visavam esse completo controle do homem sobre o mundo externo, em primeiro lugar sobre o microcosmo orgânico do ego físico--mental-emocional, pelo qual atingiam, depois, o macrocosmo do mundo impessoal dos objetos mais distantes. Toda a magia mental é baseada nesse autodomínio. Por meio do poder mental volitivo, adquire o homem poder sobre o mundo dos objetos externos, podendo influenciá-los a qualquer distância.

* * *

Para que o homem consiga poder total sobre seu corpo, e assim ofereça à alma um instrumento idôneo para a penetração no mundo espiritual, necessita ele de uma força vital muito maior do que aquela de que dispõe habitualmente.

Donde tirar essa força?

De fora? De dentro?...

O fato estranho é que todas as forças de fora estão dentro do homem. Essa tradicional divisão entre o mundo *de fora* e o mundo *de dentro* é simples recurso da nossa mente analítica, ou melhor, da nossa ignorância. Na realidade, não há nenhum *fora* e nenhum *dentro*, que são modos lógicos de *conhecer*, e não fatos ontológicos de *ser*. A Realidade é uma só, absoluta, indivisível. No dizer de Santo Agostinho, Deus é aquele ser cujo centro está em toda parte e cuja periferia não está em parte alguma. O centro significa qualidade indimensional, as periferias simbolizam quantidades dimensionais. Deus é pura qualidade sem nenhuma quantidade.

Quer dizer que todas as forças do Universo, causa e efeito, estão dentro de nós, dentro do nosso verdadeiro Eu, que é Deus em nós. Mas, enquanto o homem não tem consciência dessa força, ela não atua e é como se não existisse.

Para nós só existe aquilo que somos conscientemente. O limite do nosso mundo existente coincide com o do nosso mundo consciente.

Evocar a consciência da nossa força cósmica, atualizar a nossa onipotência potencial, essencializar a nossa existência — é esta a única coisa necessária. Nesse sentido disse Jesus de Nazaré: "Tudo é possível àquele que tem fé". O homem de fé, isto é, cônscio da sua força interna, é onipotente.

Ora, uma vez que o homem possui dentro de si todas as forças do Universo, deve ele evocar essa potência cósmica das profundezas do abismo do inconsciente para o plano do consciente.

E a parte orgânica do corpo tem de dar a sua contribuição para que essa evocação se realize.

O sangue é a vida, diz o povo, e tem razão até certo ponto. O sangue é o veículo individual da Vida Universal. Sobre os cinco litros de sangue que o homem adulto tem nas veias circula a vida do Universo através do nosso corpo. Em estado normal de vigília é essa força vital despendida quase totalmente para as atividades comuns da vida.

Mas seria possível uma economia vital? Que tal se gastássemos apenas uma parte dessas energias e reservássemos o resto para outros fins?

O influxo da força vital do Universo é constante, e o seu ponto de invasão no corpo humano é, de preferência, a medula alongada, centro nérveo situado no alto da coluna vertebral, que os iniciados chamam a "boca de Deus" ou a "porta dos céus". As vibrações mais grosseiras do corpo vêm pelas vias digestivas, mas as forças mais sutis vêm diretamente do Universo através daquele centro cósmico; por isso disse Jesus: "Nem só de pão (energias extraídas da matéria digerida) vive o homem, mas também de toda a vibração (ou verbo)[7] que sai da boca de Deus".

Durante quarenta dias de jejum material havia essa vibração espiritual alimentado a vida de Jesus, porque ele estivera com essa "boca de Deus" aberta para o influxo das vibrações cósmicas. "Orar" quer dizer literalmente "estar de boca aberta".[8]

Através do porto de invasão da medula alongada se difunde a força vital pelo resto do corpo, veiculada pelas ondas rubras do sangue.

O coração humano é a mais estupenda máquina que a natureza criou, uma bomba aspirante-premente que impele pelo corpo, diariamente, mais de 18 toneladas de sangue, embora esse sangue seja de apenas 5 litros. Em cada minuto, em tempo

---

[7] Note-se que o radical das palavras "vibração" e "verbo" é, filologicamente, o mesmo; o esqueleto consonântico, único que conta, é v-b-r ou v-r-b.

[8] A palavra latina *"os"*, no genitivo *"oris"*, deu a base para "orar", abrir a boca. Quando o homem ora de fato, está sua alma como que de boca aberta rumo às vibrações do Infinito. Assim estivera Jesus naqueles 40 dias, durante os quais estavam fechadas as portas para o alimento material. O tentador só conhecia o "pão", a fonte material, como alimento do corpo. Jesus apela para o "verbo", a vibração imaterial.

de repouso normal, o coração pulsa cerca de 60 vezes, uma pulsação por segundo, o que dá 3.600 pulsações por hora, 86.400 por dia, 31.536.000 por ano e 1.576.800.000 pulsações em 50 anos de vida. Em um ano passam pelo coração 6.570 toneladas de sangue, em 50 anos 328.500 toneladas. Isso em estado de repouso normal. Mas o homem, sobretudo o ocidental, é uma criatura inquieta, que obriga o coração a bombear não apenas 18 toneladas de sangue por dia, mas duas, três ou quatro vezes mais.

A posição vertical do corpo humano exige do coração um esforço muito maior do que a posição horizontal do corpo animal.

Quando o homem assume posição horizontal e relaxa completamente todas as tensões musculares conscientes (dos músculos esqueletais), também os músculos viscerais acompanham parcialmente esse processo de diminuição de esforço, e, nesse estado, passam pelas artérias e veias do organismo apenas 25 porcento das 18 toneladas diárias de sangue, isto é, cerca de 14,5 toneladas. A força vital, porém, continua a invadir sem cessar o corpo humano através da "boca de Deus" da medula alongada. Quer dizer que, nesse estado de relaxação muscular, há uma economia de força vital de uns 75 porcento. Esse capital disponível, não posto em circulação, pode ser acumulado gradualmente e utilizado para outros fins.

O homem comum, afobado, nervoso, é um desatinado esbanjador de forças vitais; desperdiça as suas receitas vitais diárias em meras exterioridades, derramando-se pelo mundo fictício dos objetos, e por isso nunca chega a acumular um capital considerável para o mundo do seu sujeito interior.

Essa reserva de 75 porcento de energia vital, resultante de uma perfeita relaxação muscular e quietação mental-emocional, pode ser convertida em energia espiritual, para fins de descobertas e realizações no mundo superior.

* * *

Em que consiste essa relaxação muscular (em sânscrito, *savasana*, isto é: "pouso morto") e como se consegue?

O homem deita-se de costas no soalho, podendo usar um ou mais lençóis, ou mesmo um colchão duro, mas não colchão de molas nem travesseiro.

Fecha os olhos, estende totalmente o corpo em linha reta não forçada, com os calcanhares unidos e os pés caindo naturalmente para os lados. Os braços repousam no soalho ao longo do corpo, com as palmas para baixo. Inala e exala profundamente algumas vezes para purificar o corpo, libertando-o do dióxido de carbono pela expiração e saturando-o de oxigênio pela inspiração.

Não pensa em nada. Despede todas as emoções. Mantém viva a consciência universal: "Eu sou paz... paz profunda... paz universal". Ou então: "Eu sou uma pequena onda de paz no meio do mar imenso da paz universal"... E repete silenciosamente essa afirmação de paz e serenidade.

Fica nessa posição uns 20 a 30 minutos. Verificará um acréscimo de força vital.

Se, depois disto, quiser entrar em meditação espiritual, senta-se numa cadeira de assento duro e espaldar vertical — a não ser que possa ficar em "atitude de lótus", sentado no chão, como os iogues orientais. No caso, porém, de que esta posição de pernas cruzadas sob o corpo lhe cause incômodo e lhe desvie a atenção do ponto principal, não deve assumir essa posição, que é apenas um meio, e não um fim. É preferível, para a maior parte dos ocidentais, sentar-se numa cadeira comum, dura, podendo encostar-se levemente no espaldar vertical.

Quem, durante algum tempo, praticar seriamente essa *savasana*, verificará que ela é um adjutório para a meditação.

Cruzando a fronteira entre dois mundos — da consciência físico-mental à consciência espiritual

Depois de polarizar a consciência mental em um único ponto, ao redor do qual se alarga o vasto deserto da inconsciência, entra a alma numa zona de realidade anônima, onde nada existe acessível ao pensamento analítico. O homem já não pode "tomar notas", porque nada há que se possa dizer com palavras comuns; falham todas as categorias do pensamento ordinário. O homem só pode calar-se e render-se à torrente de vida que vai fluindo para dentro dele e entregar-se ao ímpeto de uma vontade superior.

Chegado a essa fronteira, qualquer pensamento analítico-intelectual iria interferir com esse processo, assim como seriam perturbados os processos vitais do corpo — circulação, respiração, digestão — se o homem conseguisse submeter essas funções orgânicas ao controle de sua inteligência. O homem vive graças à incapacidade de poder controlar os processos necessários para sua vida. Coisa análoga acontece no plano da vida superior: o processo da intuição espiritual está isento da interferência mental.

Com essa espontânea e total entrega a Algo maior, sente o homem que cessa toda a tensão e vem sobre ele a grande libertação — uma libertação de que o profano e inexperiente não tem ideia...

Essa renúncia ao ego, esse esvaziamento da consciência da personalidade é a essência da autopurificação, é o *alfa* e o *ômega*, a verdadeira iniciação, porque as leis cósmicas atuam com infalível certeza e precisão desde que o homem retire o obstáculo que as impedia. O esvaziamento do senso do ego personal é a desobstrução do canal — e as águas da consciência espiritual fluem livre e desimpedidamente.

Em geral, o homem que entra nesse estado sente-se despojado de toda a sua costumeira bagagem mental. Passa por uma inflação total. Todos os valores em circulação perdem o seu valor. Quando um país entra numa inflação total, todo o dinheiro-papel em circulação perde o seu lastro. O milionário é mendigo. As nações costumam ter o seu lastro ouro, que é o ponto de referência e valorização das notas papiráceas em circulação entre o povo; estas notas não passam de cheques emitidos pelo governo do país; mas um cheque só tem valor se o emitente tem fundos em algum banco; cheque sem fundos é sem valor como outro papel qualquer. Em caso de inflação nacional, o ouro em si continua com o seu valor; apenas as notas de banco é que perdem o seu valor, porque o governo não mais garante por elas.

No caso de inflação mental, quando o homem cruza a fronteira do mundo das *quantidades* para o mundo da *qualidade*, a inflação é mais completa e radical, porque também o ouro e outra substância qualquer perdem o seu valor. Perdem? Não! Porque nunca tiveram valor real. O valor que o ouro parece ter é puramente convencional; ele tem esse valor enquanto persiste e vigora essa convenção artificial; mas no dia e na hora em que essa convenção sofre um colapso, o valor do ouro é igual a zero, como zero é o valor, ou pseudovalor, de outra substância qualquer. No país da *qualidade pura* não circulam valores de *quantidade impura*. A luz da Verdade dissipa de vez todas as trevas de erros e ficções. Quantidade, de per si, são zeros, e nada importa que esses zeros sejam poucos ou muitos, pequenos ou grandes; porque milhões de zeros também são zero, nada. No momento em que cessa o pseudovalor desses zeros das quantidades, cessa também todo e qualquer valor nesse plano.

É o que experimenta o homem, quando cruza a fronteira entre esses dois mundos. Vê-se subitamente de mãos vazias, embora talvez seja milionário no mundo das convenções humanas; verifica que tem nas mãos uma coleção de zeros, de diversos tamanhos, e cores várias. Tem a sensação de ter dormido e sonhado, 30, 50, e 80 anos, e pela primeira vez na sua vida abriu os olhos para a vigília da Realidade... Toda a sua vida, todos os seus trabalhos, todas as suas lutas no plano das quantidades horizontais eram um estranho sonambulismo, do qual ele conseguiu sair, finalmente, deixando atrás de si a sua bagagem mental, os seus milhões de zeros...

Não há nada mais cruel no mundo do que a verdade. Quando ela toma conta do homem, este vai para a mesa de operação, e a verdade pratica tão terrível sangria que o paciente não sabe se vai escapar com vida dessa hemorragia interior. Disse o grande Mestre que a verdade é libertadora, e isso é exato; mas ninguém sabe, de início, se essa libertação não é mortífera — e ela é sempre mortífera, como confessam todos os mestres espirituais da humanidade: "Se o grão de trigo não morrer..." "Eu morro todos os dias..." O próprio Goethe compreendeu essa verdade, quando escrevia: *Stirb — und werde!* (morre — e realiza-te!). E, por ser a verdade libertadora tão mortífera, muitos preferem viver como escravos do erro a morrer libertos pela verdade. Requer-se coragem, espírito de pioneiro e confiança em outras zonas de vida para poder encarar a verdade e permitir que ela tome conta de nós. A iniciação que, antigamente, se praticava no Egito vinha sempre realizada em forma simbólica de morte, e só o candidato que estivesse disposto a morrer de fato era considerado idôneo para a iniciação. Quando o patriarca Abraão teve ordem de sacrificar o seu único filho Isaac, o "sorriso"[9] da sua velhice e esperança única da sua sobrevivência nos pósteros, obedeceu ele incontinente a essa ordem cruel — e foi essa a sua grande iniciação.

    O nosso ego é o nosso "Isaac", o sorriso da nossa existência.

---

[9] Isaac significa "sorriso".

* * *

A princípio, após o cruzamento da fronteira, a consciência do homem é dominada por uma sensação de *negatividade* ou *vacuidade*, estado esse que ele não pode descrever senão como o "nada", o "nirvana", como "passividade" ou "desnudez". Por momentos, esse homem receia pela sua própria existência, está como que no extremo cairel do abismo da inexistência, que o pode tragar a qualquer momento. Lá se foi toda a sua segurança de outrora! Não tem segurança nem confiança em si mesmo. Tudo é incerto, vacilante, periclitante...

Pouco a pouco, porém, sente que Algo vai enchendo esse vácuo... Cessando de atender a quaisquer chamarizes de fora, começa a perceber que Aquilo que o vai enchendo estava sempre nele, mas ele o ignorava, era oculto a seus olhos, era como se não existisse. Agora começa a revelar-se... de dentro. E todo o seu ser se abre ao influxo desse estranho ALGO, que lhe vai penetrando e permeando todas as latitudes e profundidades da consciência...

O homem, depois de entrar em concentração mental e passar pelo esvaziamento do ego personal, entra na contemplação, que é a chamada "oração da quietude".

Há, pois, dois aspectos nesse processo: "o aspecto do *despojamento* ou *desnudamento*, que está no início — e o aspecto da *quietação* e do *achado*, que está no fim".

Na descrição desse processo, uns místicos frisam mais o primeiro, outros mais o segundo elemento. A mística austera de Meister Eckhart e seus discípulos, amigos da linguagem neoplatônica, descreve esse estado, acima de tudo, como uma Vacuidade, como uma Divina Escuridão, como um *despojamento estático*; recusam-se a profanar a sacralidade dessa experiência com termos inadequados, como "paz", "alegria", que, no mundo dos inexperientes, significam algo diferente daquilo que o místico experimenta; por isso preferem os sapientes não dizer nada de positivo.

Santa Teresa e os místicos do seu tipo preferem usar imagens, por modestas e inadequadas que sejam, porque esse pouco lhes parece melhor do que nada. Em geral, a alma feminina prefere algo positivo, por mais imperfeito, ao negativo da concepção abstrata do homem. Santa Teresa qualifica esse estado como sendo uma "doce calma", um "suave silêncio", no qual a "alma amante" percebe a presença do "Amado", consoante os colóquios, no Cântico dos Cânticos, entre a "esposa" e o "esposo".

Esse esvaziamento do campo da consciência, o seu expurgo de todos os objetos materiais, e do próprio sujeito personal, é a condição necessária para que a alma possa encontrar-se face a face com a suprema Realidade.

Essa *quietude* degenera facilmente em *quietismo*, quando o meio é tomado como fim. A pecha de quietismo costuma ser lançada, pelos inexperientes, a toda mística em geral. A verdadeira mística, porém, não é quietismo passivo; é, pelo contrário, o maior dinamismo que se possa imaginar, mas um "dinamismo passivo", ou uma "passividade dinâmica", ao passo que o quietismo é simplesmente uma passividade estática e inerte.

Essa passividade estática dos quietistas é o vício da pseudomística, ou misticismo.

A verdadeira mística não procura jamais o estado semi-hipnótico; quando este aparece, aparece espontaneamente, como uma fase de evolução e um estágio de transição para as luminosas alturas da superconsciência.

O homem que põe a sua mística ao serviço ativo da ética dificilmente corre perigo de se diluir na passividade incolor do quietismo.

A verdadeira mística é, ao mesmo tempo, ativa e passiva; a inquietude tradicional da inteligência é aquietada, para que a totalidade do Eu possa abrir-se plenamente ao influxo do Real. A personalidade não está perdida; apenas as suas arestas agudas foram suavizadas, depois que ela se integrou organicamente na individualidade do Eu divino.

A verdadeira quietude mística é um "repouso sumamente ativo", como disse alguém. E é precisamente por causa desse repouso e dessa profunda quietação que o místico pode prestar grandes coisas, porque a vulnerabilidade de que sofrem os profanos acabou em invulnerabilidade; louvores e vitupérios não o desviam da linha reta em que entrou.

Um dos maiores filósofos modernos, Henri Bergson, no seu livro *As duas fontes da religião e da moral*, faz nítida oposição entre o que ele chama "religião estática", da teologia dogmática, e a "religião dinâmica", da experiência mística. Compara esta última com o fogo vivo de um vulcão em plena erupção, ao passo que a primeira é como a lava fria, depois de extinto o fogo. A religião dinâmica da mística, que transborda em vivência ética, é o único caminho para melhorar a humanidade.

Da religião dinâmica da experiência mística diz Bergson: "A religião mística nasce no coração do herói espiritual, do mesmo modo que a ética superior, com a qual está intimamente relacionada. Os grandes místicos são os fundadores da religião dinâmica; são almas de escol que, sacudidas nos mais profundos recessos psíquicos, cessam de girar em torno do próprio ego. A alma detém-se como que à escuta de uma voz que por ela chama e deixa-se conduzir em linha reta, para a frente. Não percebe diretamente a força que move, mas sente-lhe a indefinível presença ou adivinha essa presença por meio de uma visão simbólica. Alcança então uma imensidade de gozo: Deus está ali, perto dela, e ela está em Deus. A alma une-se a Deus pelo pensamento e pelo sentimento (contemplação, êxtase). Mas o êxtase termina, a alma cai em trevas, que os místicos denominavam *noite obscura*. Esse grau prepara o caminho para a união definitiva da alma com Deus, para a ação mística. A alma sente a presença de Deus; Deus está nela;

ela é, a um tempo, agente e agida (*gissante et agie*). Doravante, jorram em profusão a vida, o impulso vital, a liberdade, que coincide com a liberdade divina. Grande é a humanidade da alma, destruído seu orgulho; sem limites sua força de expansão, seu fervor de apostolado. O místico aspira a transformar a humanidade, a triunfar da materialidade, a reencontrar Deus, a amar o Amor. Será essa uma religião revelada? A filosofia não procura saber se tal religião é ou não revelada. De qualquer maneira, há revelação no sentido de alguma coisa que antes não existia conscientemente".

* * *

No mais alto plano da mística, na contemplação, o homem transcende todas as etapas inferiores, os símbolos, e até o próprio silêncio, porque este é substituído pelas revelações da Divindade. É verdade que essas revelações também são silêncio, mas um silêncio ativo e dinâmico, o silêncio da plenitude, e não da vacuidade.

A contemplação é a mais alta forma do saber, porque nela o homem ultrapassa os invólucros externos, do mundo físico-mental, e se apodera da realidade interna. Só o homem contemplativo "sabe" e "compreende" o que é a realidade; os outros apenas atendem, querem ou creem.

Na base de toda intuição artística há algo dessa contemplação, que no verdadeiro místico atinge a sua culminância. É ele o sábio por excelência. A contemplação é o impacto da vida universal sobre o homem integral. As outras formas de conhecimento atingem apenas uma face, um aspecto do homem, mas a contemplação atinge o homem em sua totalidade.

A Verdade, a Bondade e a Beleza fundem-se, então, numa só unidade, enchendo o homem de indizível felicidade.

Na contemplação, se dá a *expansão máxima* da consciência; o homem, no auge da sua *individualidade*, atinge o máximo de *universalidade*, vive no Deus do mundo, e por isso vive em todos os mundos de Deus. A contemplação mística é a única possibilidade de uma ética universal, porque o amor, na sua intensidade máxima, produz necessariamente a benevolência na sua amplitude universal. A grande vertical mística revela-se na vasta horizontal da ética. E isso é redenção. O homem contemplativo está na presença do Todo; por isso todas as profanidades aparecem aureoladas de sacralidade. A multiplicidade desconexa das coisas do mundo converge na fascinante unidade da sua origem e do seu centro. O mundo se tornou um cosmo, um universo, um em diversos, diversos em um. Redenção completa e definitiva...

Esse homem, que por dentro é só Deus e por fora é de todas as criaturas de Deus, percebe em si o latejar da vida universal — até da vida mineral, vegetal e sensitiva; nele, todas as vidas do Universo são uma única Vida, dispersa em numerosos aspectos. Vê a luz incolor para além de todas as cores.

Sente-se "em casa" em qualquer sistema solar ou galáxia do cosmo; nunca tem a sensação de ser um estranho, um solitário, esteja onde estiver.

Esse homem sabe também que o Universo inteiro lhe pertence e está a seu dispor, pois uma vez que esse homem pertence a Deus, e o Universo é de Deus, esse Universo pertence também a ele como pertence a Deus, porque "ele e o Pai são um".

Esse homem foi plenamente remido pela união com a suprema Realidade do Universo — que é também a íntima Realidade do seu próprio Eu.

Ele está no Deus do Universo — e o Universo de Deus está nele.

Diversos tipos de ioga e sua função na vida humana

A palavra sânscrita "yoga" significa literalmente "jugo" (em latim, *jugum*, em grego, *zygos*, em alemão, *joch*, em inglês, *yoke*). Mas o seu sentido simbólico é "união". Assim como dois animais de tração unidos por um jugo prestam determinado trabalho que nenhum deles, separadamente, poderia prestar, assim pode o homem, quando unido a Deus, realizar algo que, sem essa união, não poderia realizar.

Ioga é, pois, um método pelo qual o homem se realiza plenamente, despertando em si as potências latentes do seu ignoto Eu divino.

Encontramos, na filosofia oriental, cinco tipos principais de exercícios de ioga, a saber: 1) hatha-ioga, 2) raja-ioga, 3) bhakti-ioga, 4) jnana-ioga, 5) karma-ioga.

1. Hatha-ioga

O hatha-iogue treina o seu corpo de tal modo, mediante variados processos de ginástica e posturas, que cada membro, cada músculo e cada nervo se tornam instrumento dócil à inteligência e à vontade, executando, com presteza e facilidade, as ordens recebidas dessas faculdades.

Muitos consideram hatha-ioga como um fim em si mesmo; outros põem suas habilidades a serviço do dinheiro ou da admiração popular, como os faquires. Entretanto, pode a hatha-ioga ser utilizada como estágio preliminar e grau inferior para alcançar planos superiores de autorrealização, como fazem os iogues mais avançados. É necessário que o candidato a graus superiores mentais e espirituais possua um corpo dotado de suficiente resistência e docilidade para poder suportar o impacto da enorme voltagem que o verdadeiro iogue dele exige.

Por isso, todo e qualquer iogue deve praticar ao menos os exercícios fundamentais da hatha-ioga, não sendo, porém, necessário recorrer a certas posturas exóticas e forçadas que são de praxe entre faquires e seus similares.

In medio virtus!

* * *

Alimentação pura e *respiração correta* fazem parte essencial da hatha-ioga.

Todo e qualquer alimento é produto da energia solar ("calorias"), que o organismo humano extrai de substâncias minerais, vegetais ou animais e incorpora em si mesmo na forma de energia vital. Sendo que o organismo humano necessita, sobretudo, de energia solar em estado orgânico, e sendo que os vegetais contêm essa energia em forma mais pura, porque em primeira instância (processo de fotossíntese!), é importante que o homem sensato que não queira falsificar o seu organismo extraia essa energia solar, de preferência, de substâncias vegetais. Pela forma da dentadura e vias digestivas do homem, verifica-se que o ser humano é, sobretudo, frugívoro, devendo a sua alimentação consistir, preponderantemente, de frutas, sementes, nozes, etc., embora as verduras possam entrar com boa porcentagem nessa dieta. A carne não faz parte da alimentação natural do homem, ainda que certas substâncias de origem animal, como ovos, leite e seus derivados possam ser adicionados à dieta vegetal.

A desobediência quase geral às leis do organismo produz a maior parte das moléstias de que a humanidade sofre.

Quanto à respiração, é necessário que ela seja profunda na inalação e completa na exalação, a fim de saturar de oxigênio vitalizante o sangue e eliminar dele o dióxido de carbono. Algumas inalações e exalações profundas e completas, no início da concentração mental, purificam o sangue e acalmam os nervos, predispondo o homem para o ingresso em um mundo de vibrações superiores. Durante a meditação profunda, a respiração se torna, naturalmente, leve e imperceptível até quase cessar por completo, quando a consciência físico-mental se aproxima do seu nadir e a consciência espiritual sobe rumo ao zênite.

O oxigênio da inalação, retido por algum tempo nos pulmões, com espontaneidade, se converte, sob o impacto da meditação, em *prana* (força vital), cuja presença facilita grandemente a criação de uma frequência vibratória propícia à consciência espiritual.

2. Raja-ioga

Por este exercício aprende o homem a impor disciplina a seus pensamentos, aceitando os elementos positivos e construtores para sua individualidade total e rejeitando os de caráter negativo e destruidor. Essa sistemática seleção de pensamentos e seu controle consciente são de imensa importância, porque pensamentos são forças poderosas para a construção ou destruição da vida. Sem essa seleção e esse controle, ninguém pode ascender a planos superiores de autorrealização.

Os antigos egípcios e outros povos cultos conheciam a arte secreta da "alquimia mental", que mais tarde degenerou na alquimia material. Sabiam eles que, mediante persistente treino e disciplina, pode o homem adquirir completo domínio sobre seu corpo, prevenir doenças e até influenciar objetos do ambiente, inclusive pensamentos e sentimentos de outros seres humanos. Graças a esse autodomínio, liberta-se o homem da tradicional escravidão do tempo e do espaço, do calor e do frio, a que o comum dos homens está sujeito.

Pelo mesmo princípio, pode o homem disciplinado isentar-se do impacto de vibrações emocionais negativas e indesejáveis; pode conservar-se perfeitamente calmo e sereno em face de qualquer ofensa ou afronta, senhor e soberano de qualquer influência externa, tornando-se verdadeiramente livre.

Uma vez que o homem aprendeu a controlar os seus pensamentos e sentimentos, entra numa zona de grande paz e tranquilidade, nascidas da força que conquistou.

E está aberta a porta para realizações superiores.

3. BHAKTI-IOGA

Bhakti-ioga é o exercício do amor afetivo a Deus, aos homens e à natureza. Tem estreita afinidade com o tipo do místico que predomina nos místicos do cristianismo medieval. É praticada por numerosos iogues do Oriente. Ramakrishna foi, nos últimos tempos, o tipo clássico da autorrealização pela bhakti-ioga. Neste plano sente-se o homem identificado com todas as formas de vida do Universo, humanas e infra-humanas, como irradiações da Vida Divina. Amar o próximo como a si mesmo deixa de ser, nesse plano, uma virtude ética, passando a ser uma experiência mística, uma vez que o homem sente a presença de Deus em tudo.

4. JNANA-IOGA

Na zona da jnana-ioga entra o homem no mundo mais alto da espiritualidade racional, ultrapassando o corpo, mente e coração, isto é, as três formas anteriores de ioga. É amor, e não apenas caridade. É este o plano da maior parte dos antigos neoplatônicos, dentro e fora do cristianismo, sobretudo, de Meister Eckhart e seus discípulos, cuja mística, sem deixar de ser afetiva, é assinalada por uma suprema racionalidade. A frase de Schweitzer "die Liebe ist die hoechste Vernunft" (o amor é a mais alta razão) qualifica admiravelmente a jnana-ioga, suposto que a palavra "razão" (em latim *ratio*, em grego *lógos*) não seja tomada como sinônimo, ou até homônimo de "inteligência", como geralmente acontece. A inteligência é analítica e move-se no plano horizontal dos objetos individuais, ao passo que a razão é intuitiva, e o seu mundo é o reino imenso da Realidade Universal.

O primeiro contato experimental com esse mundo da razão intuitiva provoca, não raro, um alheamento do plano dos sentidos e do intelecto (êxtase, *samadhi*), levando a alma à zona mística; entretanto, se o homem atingir as regiões supremas, para além da própria mística, entrará no estado cósmico ou crístico, onde todas as consciências — física, mental e espiritual — se fundem harmonicamente numa só consciência, e o homem vive normalmente em todos os planos da realidade, atuando no mundo espiritual, mental e material sem ser contaminado por eles. Nesse plano universal, o homem se assemelha à luz, única realidade que não se torna impura em virtude das impurezas que tange e purifica.

5. Karma-ioga

A karma-ioga, ou ioga da ação, põe ao serviço da vida própria e dos outros todas as experiências internas da ioga multiforme, realizando dinamicamente o que reconheceu como sendo verdade, indiferente aos resultados, positivos ou negativos, que daí possam surgir. Não afere o valor dos seus atos pelos efeitos visíveis ou palpáveis, sequer espera admiração, louvores, reconhecimento, gratidão ou outra recompensa qualquer pela verdade que pratica; age só por amor à própria verdade. O verdadeiro karma-iogue interessa-se desinteressadamente por tudo que faz parte da vida humana, em qualquer setor de sua atividade. Não se exalta com triunfos externos, nem se sente frustrado com as derrotas sofridas. Aceita censuras e elogios como meio para sua autorrealização.

O homem que pratica, com persistência e pureza, a verdadeira ioga em suas formas várias, atingirá infalivelmente altíssimo grau de autorrealização e de imperturbável felicidade.

Que é Kriya-Ioga?

Desde que apareceu o livro *Autobiografia de um iogue*, de Paramahansa Yogananda, inúmeras vezes tenho ouvido a pergunta acima. Quase todos pensam que kriya-ioga seja uma doutrina especial da filosofia oriental, uma espécie de doutrina secreta, só conhecida dos grandes mestres.

Eu, que fui convidado pelo meu antigo guru Swami Premananda a fazer kriya-ioga, poderia dizer aos interessados o que ela é. Mas a dificuldade está em dizer o indizível. Não há palavras que favoreçam uma exposição analítica de um assunto antes intuitivo.

Quando um mestre espiritual percebe, ou antes, sente e intui que um discípulo tem a consciência e a vivência da verdade sobre o homem, então pode ele convidá-lo para concretizar, mediante um cerimonial simbólico, aquilo que já foi realizado espiritualmente pelo discípulo. O mestre convida; o discípulo não se oferece a si mesmo, mas pode aceitar.

Um verdadeiro mestre sabe intuitivamente quando o discípulo está em condições de receber kriya-ioga.

Mahatma Gandhi se autoiniciou durante os 20 anos que passou no sul da África por entre clamorosas injustiças e grandes sofrimentos. Muito mais tarde, como consta do citado livro, foi ele convidado para a cerimônia de kriya-ioga, isto é, para a confirmação *ritual* da auto-iniciação *espiritual*.

Aliás, é um equívoco tradicional pensar que alguém possa iniciar alguém. Não existe aloiniciação; só existe autoiniciação. Jesus, o maior dos mestres espirituais que a cristandade ocidental conhece, não iniciou nenhum dos seus discípulos; eles mesmos se iniciaram, na manhã do Pentecostes, em Jerusalém, após nove dias de silêncio e profunda meditação. O Mestre apenas lhes indicou o caminho para essa autoiniciação e os preparou durante três anos.

A autoiniciação é uma espécie de cosmoplenificação, que só acontece a alguém que tenha realizado, ou esteja realizando, um total egoesvaziamento — e toda a plenitude transborda espontaneamente. Quando o discípulo está pronto, o mestre aparece; mas, enquanto o discípulo não está pronto, o mestre não aparece.

Quando o discípulo fez o seu egoesvaziamento, então acontece a cosmoplenificação. E essa plenitude transborda em benefício de outros. O autorremido é um alorredentor.

Deus, diz Spinoza, é a alma do Universo, que flui para dentro do homem egoesvaziado.

Kriya-ioga é, portanto, um *símbolo ritual* que confirma o *simbolismo espiritual*. O espiritual é do discípulo, o ritual é do mestre. Se não existe o espiritual, não pode o mestre realizar o ritual. Se um mestre fizesse o ritual de um espiritual inexistente, cometeria uma fraude e desonestidade espiritual e perderia o seu poder. Por isso, o mestre só pode convidar — seja expressamente, seja silenciosamente — o discípulo para a kriya-ioga quando tem a intuição segura e certa de que o discípulo já se autoiniciou espiritualmente, para poder aloiniciá--lo ritualmente.

Função biológica dos chakras*

A quintessência da kriya-ioga está numa relação direta e intensa entre o espírito e o corpo. É um contato imediato entre *Atman* e *Maya*, entre a alma divina do homem e seus veículos materiais, os nervos.

Ninguém pode adquirir uma consciência espiritual superior sem que seu corpo passe por uma completa transformação biológica. Os nervos são, na vida presente, os veículos indispensáveis da consciência. Se os nervos têm vibração baixa, não podem captar ondas de alta realidade. Um receptor de ondas longas não reage ao impacto de ondas curtas, embora estas estejam presentes. As ondas curtas estão presentes no aparelho de ondas longas, mas este se acha ausente daquelas. Deus está sempre presente a todos os homens, mas nem todos os

---

* *Chakras*. Nesta obra, o autor apresenta sua interpretação dos *chakras*. Convencionalmente, os *chakras* principais são sete: 1) *Muladhara-chakra*, na região do cóccix, entre os genitais e o ânus; 2) *Svadhishthana-chakra*, na região do sacro ou baço; 3) *Manipura-chakra*, na região do umbigo ou plexo solar; 4) *Anahata-chakra*, na região do coração; 5) *Vishuddha-chakra*, na região baixa da garganta; 6) *Ajna--chakra*, na região do entrecelho; 7) *Sahasrara-chakra*, no alto da cabeça. (Ref. *The Encyclopedia of Eastern Philosophy and Religion*, Ed. Shambhala, Boston, 1994). (N.E.)

homens estão presentes a Deus. A presença *objetiva* de Deus ao homem é um fato real, metafísico, universal — mas a presença *subjetiva* do homem a Deus depende da maior ou menor idoneidade receptiva deste; tanto mais estará o Deus onipresente presente a mim quanto maior estiver sendo a consciência que eu tenho dessa onipresença; se não tiver consciência alguma da presença de Deus, estarei totalmente ausente de Deus e totalmente presente a mim. É que "o recebido está no recipiente segundo a capacidade do recipiente". O Deus onipresente estará presente a mim segundo a minha capacidade ou consciência de perceber esta presença.

Ora, é possível, mediante um treino sistemático, modificar e intensificar a frequência vibratória dos nervos, tornando-os progressivamente receptores e veículos cada vez mais aptos para o impacto do mundo imaterial.

Há milênios que os grandes iluminados da humanidade, máxime os sábios da Índia e do antigo Egito, elaboram um completo sistema de exercícios para conseguir essa transformação biológica dos nervos e, portanto, o contato consciente com os planos superiores da Realidade.

A parte mais importante dos nervos do corpo humano se acha localizada na coluna vertebral, embebidos em um fluido que a ciência chama "líquido raquidiano". Desde a ponta inferior da coluna vertebral, o cóccix, até o alto da mesma, a medula alongada, correm feixes de nervos, individualmente isolados, como os fios de um desses cabos telefônicos. Muitos desses fios nérveos se reúnem em feixes maiores, para determinadas funções.

A filosofia oriental distingue seis centros (*chakras*) na coluna vertebral, cujos nomes, de baixo para cima, são os seguintes: 1) cóccix, 2) sacro, 3) lombar, 4) dorsal, 5) cervical, 6) medula alongada (ver fig. da pág. seguinte).

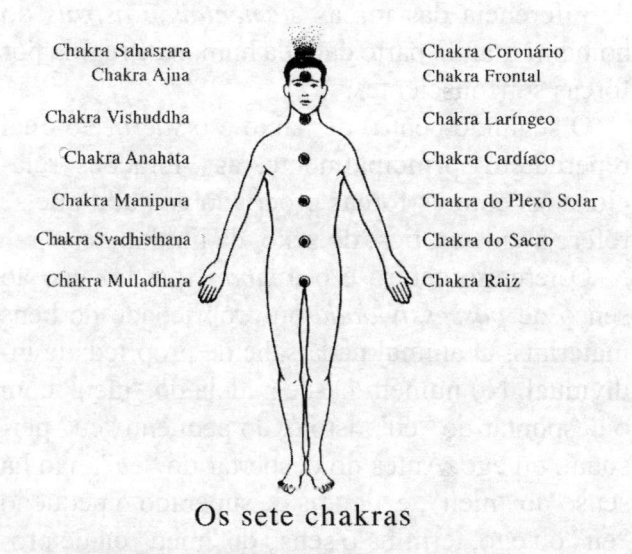

Chakra Sahasrara	Chakra Coronário
Chakra Ajna	Chakra Frontal
Chakra Vishuddha	Chakra Laríngeo
Chakra Anahata	Chakra Cardíaco
Chakra Manipura	Chakra do Plexo Solar
Chakra Svadhisthana	Chakra do Sacro
Chakra Muladhara	Chakra Raiz

Os sete chakras

O cóccix é a ponta inferior da espinha dorsal. Pouco mais acima está o *sacrum* (ou sacro); mais acima ainda, o centro lombar. Segue-se um espaço sem nenhum centro. Depois, quase à altura do coração, se encontra o centro dorsal; abaixo da nuca aparece, algo saliente, o centro cervical; e finalmente, terminando a coluna vertebral, na parte de cima, a medula alongada, assim chamada por causa da sua aparência alongada em forma de pêra.

Sobre esse último centro repousa a parte occipital do cérebro.

Esses focos nérveos não são centros físicos, anatômicos, mas *focos funcionais*, onde determinadas vibrações do corpo encontram eco mais intenso.

O centro do *cóccix* está, sobretudo, a serviço do *subconsciente* da nossa personalidade. É o ponto de referência das forças *elementais* e *astrais* do homem; grande parte da vida humana é regida por forças subconscientes.

O segundo centro de baixo é o *sacro*, no qual repercutem, principalmente, as vibrações relacionadas com as forças procriadoras, tudo que se refere à vida erótica, do sexo, da libido, etc.

O terceiro centro é o *lombar*, que faz eco ao senso de *possessividade* ou propriedade de bens materiais. O animal nada sabe de propriedade individual. No homem nasce a ideia do "meu" com o despontar do "eu", isto é, do pequeno "eu" personal, ou ego. Antes do despertar do "eu", não há senso do "meu"; e, depois de superado o pequeno "eu" ou ego, termina o senso do "meu" ou de propriedade individual; porque, para além do pequeno "eu" personal, está o grande Eu, que é idêntico a Nós, e por isso o "meu" passa a ser "nosso".

Na altura do coração se encontra o quarto centro, chamado *dorsal*, cujos nervos reagem principalmente a vibrações de afetividade, ou simpatia, caridade, etc.

O quinto centro, ou *cervical*, encontra-se na nuca, coincidindo com a "vértebra de Atlas". Sobre essa vértebra sustenta o gigante Atlas, da mitologia, a esfera celeste, simbolizando a concepção luciférica da inteligência como suposto alicerce do espírito.

Finalmente, no alto da coluna vertebral está o centro número seis, que é a *medula alongada*, que corresponde ao primeiro encontro do mundo espiritual com a matéria.

Estes são os seis centros nérveos, ou *chakras*, localizados nos nervos das vértebras da espinha dorsal.

Entretanto, fora desses seis há um sétimo centro, fora da espinha dorsal, o centro crístico ou *Atman*, ou seja, o "olho simples", o "olho espiritual". Esse olho se acha situado na base da testa, entre as sobrancelhas. Está em comunicação com o centro da medula alongada, que o polariza. Para cima, o centro espiritual se desdobra numa infinidade de nervos finíssimos, que os filósofos orientais chamam a "flor de lótus de mil pétalas".

Essas ramificações dos nervos cerebrais são outras tantas antenas de grande potência, que captam as sutis vibrações do mundo espiritual divino, canalizando-as para dentro do "olho simples".

Este centro crístico, ou *Atman*, é, pois, o "olho de Shiva", o intermediário entre o mundo humano e o mundo divino, um traço de união entre o finito e o infinito.

* * *

Ora, o mistério central de kriya-ioga consiste em canalizar o conteúdo do centro divino, do "olho simples" para dentro dos recipientes nérveos, saturando-os totalmente dessa luz, e assim lucificando o corpo todo.

"O teu olho é a luz do teu corpo — diz Jesus —, se o teu olho for simples, todo o teu corpo está cheio de luz; mas se o teu olho for mau, todo o teu corpo estará cheio de trevas; e, se a própria luz que em ti está se tornar trevas — quão grandes devem ser essas trevas!"

A dificuldade, para o principiante, está em canalizar o conteúdo do "olho simples" para dentro dos centros receptivos. Esses centros são, no homem profano, completamente "opacos", quer dizer, irreceptivos, porque, durante os 30, 50, 80 anos de vida terrestre, eles não tiveram senão função "opaca", físico-mental; e durante milhares e milhões de anos, nas gerações que nos precederam e cujos herdeiros somos, também não houve senão "opacidade" nesses centros nérveos. Por isso, a lucificação, ou processo de tornar esses centros "transparentes", como límpidos cristais, parece coisa impossível, embora ela seja possível, uma vez que a base e quintessência de todas as coisas, mesmo das mais opacas, é luz, como provou experimentalmente a ciência da Era Atômica.

Essa canalização é, em si, um ato mental, consciente, ainda que o "canalizado", isto é, o conteúdo, seja racional ou espiritual. É como se alguém canalizasse parte das águas de um lago plácido, situado no alto de um monte, pelas rampas abaixo: a direção seria dada pelos canais, mas o conteúdo viria do lago.

Se o homem conseguir focalizar o conteúdo do "olho simples" e dirigi-lo para dentro de algum dos seis centros nérveos, e se mantiver essa focalização, digamos, durante dez minutos consecutivos e ininterruptos, visualizando nitidamente essa torrente de luz divina a derramar-se para dentro do vácuo humano, conseguirá elevar, por um ou mais graus, a frequência vibratória habitualmente existente nesses centros nérveos, e com essa frequência superior entrará em contato com planos superiores de realidade, até então ignorados e, por isso, inexistentes. A realidade total está sempre em nós, mas nós não a percebemos, por falta de receptor adequado; toda a questão está em criarmos um receptor mais poderoso, mais delicado, mais sensível e sintonizado com ondas que sempre existem ao redor e até dentro de nós, despercebidas. Essas ondas emitidas por mundos reais não nos trazem notícias desses mundos porque não encontram em nós um receptor devidamente afinado por essas ondas; e por isso os vastos mundos ultrassensórios e ultramentais são, para nós, irreais, embora tremendamente reais, muito mais reais do que os mundos por nós conhecidos. Os nossos sentidos normais abrangem quase uma oitava de vibrações luminosas, desde o vermelho até o violeta; mas a ciência provou que, para além dessas sete cores a que nossa retina visual reage, existem ainda cerca de 20 trilhões de vibrações reais de que a nossa retina não nos dá notícia. E quantas vibrações existirão para além daquelas que nem a ciência sabe?

O que acontece no plano dos sentidos acontece, provavelmente, também na zona do intelecto. A nossa inteligência só é capaz de conceber coisas contidas dentro do mundo da *causalidade* — assim como os nossos sentidos só percebem coisas situadas dentro da esfera de *tempo e espaço*. Para além da nossa concepção mental, de causalidade passiva, existem mundos de imensa grandeza e intensa realidade.

Os cientistas analisaram o cérebro de Einstein — para quê? Certamente, não para descobrirem o segredo dos grandes pensamentos desse exímio matemático, o que seria tão pueril como analisar as cinzas frias de um incêndio para saber o que é o fogo. Analisaram apenas o veículo material do pensamento, mas o veículo nada pode dizer do veiculado, que se foi, por não ser alguma entidade analisável. Pode um botânico analisar os veículos da vida vegetal, as células e fibras de uma planta, mas não pode analisar a vida, que não é um objeto, mas o misterioso sujeito, que se revela através do objeto. Dentro do pequenino espaço de um cérebro humano, cabem mais conhecimentos do que em todas as bibliotecas do mundo; se a nossa ciência e técnica construíssem um "cérebro mecânico que tivesse todas as funções de um cérebro humano, necessitariam de milhões de metros cúbicos para alojar todas as partes necessárias, e o "cérebro mecânico" que tivesse todas as funções de um cérebro mecânico seria muito mais volumoso que o globo terrestre — e mesmo assim não funcionaria por si mesmo sem a presença do conteúdo de um cérebro humano, vivo.

A kriya-ioga não pode criar inteligência nem espírito, mas pode aperfeiçoar de tal modo os veículos desses invisíveis agentes que eles agem de um modo muito mais perfeito do que agem habitualmente.

No princípio, a focalização do "olho simples" relacionado com algum dos centros nérveos será, naturalmente, difícil e, por isso, consciente; mais tarde, se tornará fácil e inconsciente; deixará de ser mental para se tornar racional. O *talento* consciente passará a ser um *gênio* inconsciente, porque pleniconsciente.

* * *

Depois de conseguida a focalização fácil entre o "olho simples" e determinado centro, por exemplo a medula alongada, passará o estudante a focalizar o segundo centro e, depois de adquirir facilidade de permanência nesse plano, passará ao terceiro, e assim por diante.

Neste processo verificará ele que "a luz brilha nas trevas, mas que as trevas não a prenderam"; terá a surpreendente consciência de que o "olho simples" é reflexo da "luz verdadeira que ilumina todo homem que vem a este mundo"; que os centros nérveos do homem comum estão sepultos em trevas, na noite da animalidade ou na penumbra da mentalidade. Verificará também que, quanto mais descer por essa "escada de Jacó" dos *chakras* vertebrais, mais densas se tornarão as trevas, até acabarem na cerrada escuridão da meia-noite, nos ínferos do cóccix. Por isso, o processo de lucificação, por parte da luz crística do "olho simples", se "faz carne", se materializa, nessa misteriosa jornada descensional do grande "sacrifício cósmico, mas sabe também que essa encarnação do Verbo é a redenção do homem total. Depois de se encarnar, o Verbo é crucificado e desce aos infernos, através de "trevas crescentes" e crescente resistência, rumo aos infernos do subconsciente, onde residem as entidades elementais e astrais, simbolizadas pelo mundo do cóccix, lá onde a misteriosa serpente "kundalini" ainda dormita, toda encolhida, ao pé da "árvore da vida". Mas, depois de repousar por algum tempo nessa densa escuridão dos infernos, o Verbo "ressuscitará, subirá aos céus..."

O resto não é acessível ao iniciando, mas tão somente ao iniciado...

* * *

Depois de perfazer, com grande constância e intensidade, toda essa peregrinação descensional, passará o estudante a realizar o itinerário inverso, ascensional, levando as trevas para dentro da luz. Fará circular os seis planetas dos *chakras* ao redor do sol do "olho simples", donde receberão força, luz e calor — vida eterna.

Quem praticar devidamente esses exercícios não sabe o que sejam "distrações", ou divagações da mente, porque esse trabalho é tão intenso e, com o tempo, tão fascinante que torna impossível a intrusão de quaisquer elementos de fora. Tempo e espaço deixarão de existir e exercer a sua tirania sobre o homem. O estudante não saberá se passou uma hora ou um dia, ignora se estão no céu o sol diurno ou as estrelas noturnas, porque *Maya* morreu e *Atman* vive em toda a sua plenitude. O iogue não tem sensação de fome, sede ou sono; a sua respiração baixará automaticamente de 16 inalações e exalações por minuto para 4. Quando então, após horas ou dias passados fora dos domínios do tempo e do espaço, ele tornar a "si", isto é, a seu velho ego consciente do plano horizontal, continuará ainda por largo tempo a sentir-se desligado deste mundo ilusório, ainda firmemente ligado ao grande mundo da Verdade, e só muito aos poucos, como que às apalpadelas, voltará a ocupar-se com as infantilidades da sua vida profissional; tem até vontade de rir de si mesmo, dessas puerilidades que formam o cobiçado alvo dos profanos, que se têm em conta de "homens sérios". Tem a impressão de ter deixado as auras leves e luminosas da Universidade do Espírito e ter recaído ao ambiente pesado e tenebroso de uma escola primária, onde todos estão empenhados em soletrar o abc dessas coisas primitivas, que eles chamam ciência, civilização, cultura, e outras ingenuidades tradicionais...

Kriya-Ioga e o Evangelho

No presente capítulo faremos uma tentativa inédita, talvez única, na literatura filosófica espiritual do mundo. Tentaremos estabelecer uma relação de afinidade mística e função ética entre os centros (*chakras*) da coluna vertebral, por um lado, e determinados episódios do Evangelho, por outro.

A verdade é uma só, supranacional, supratemporal. Não é do Oriente nem do Ocidente, porque é universal, cósmica, absoluta.

Nós, porém, familiarizados com a vida e a doutrina do maior dos iluminados que a humanidade conhece, podemos relacionar certos fatos do Evangelho com determinados centros nervosos do organismo humano.

Para o cristão ocidental que não se contenta com um rotineiro "crer", mas anseia por "saber" experimentalmente o conteúdo da sua fé, é de sumo interesse essa tentativa de descobrir uma relação entre as suas experiências espirituais e a frequência vibratória dos seus nervos. Não aconselhamos, como Aldous-Huxley, a ingestão de mescalina ou outros entorpecentes, para ter experiências místicas, mas recomendamos o treino sistemático dos centros nérveos do corpo, a fim de facilitar o contato com o mundo imaterial, baseados no princípio de que o centro da nossa consciência espiritual é idêntico à consciência espiritual do Universo. Não há separação — embora haja distinção — entre o interno e o externo, entre o subjetivo e o objetivo, entre o aquém e o além, entre o espiritual e o material; tudo isso é, em sua última raiz, idêntico e simultâneo; apenas a nossa incompleta experiência é que o faz diferente e sucessivo. Com o progressivo aperfeiçoamento da nossa experiência, diminui gradualmente o dualismo transcendental e aumenta o monismo imanentista, não para eliminar aquele, mas, sim, para integrar o transcendente no imanente e ter a experiência cósmica do Deus do mundo no mundo de Deus.

* * *

1. A *medula alongada*, ponto culminante da coluna vertebral, é o centro em que a frequência vibratória do corpo adquire o seu máximo de espiritualidade e no qual a materialidade é reduzida ao mínimo. Por isso, serve de ponto de contato ou antena receptora ideal para o mundo puramente espiritual, divino, cujo reflexo está condicionado ao "olho simples", que é o sétimo centro, porém, está fora da série contínua dos outros seis, localizado na base da testa, entre as sobrancelhas.

Sendo que o "olho simples" — "se o teu olho for simples, o teu corpo todo estará cheio de luz" — representa o eterno *Lógos*, o Verbo antes da sua encarnação em Jesus de Nazaré, e sendo que a sua encarnação é o primeiro contato com a matéria viva ("carne"), é fácil relacionar a medula alongada com o fato histórico da encarnação do *Lógos*, na forma do *Christós*, isto é, o *Ungido*, o divino Espírito que ungiu ou penetrou a matéria humana de Jesus. A medula alongada — que apresenta forma de uma pêra invertida (ou de um útero, como dizem alguns) — pode ser considerada como o ponto onde o divino se consorcia com o humano, onde a plenitude jorra para dentro da vacuidade, onde as alturas descem à baixada; e, em prolongamento dessa encarnação, pode a medula ser visualizada como Belém ou a manjedoura onde o eterno *Lógos* apareceu na forma de Jesus.

Tudo isto, repetimos, não deve ser estudado, analisado em um processo sucessivo, mas sim visualizado intuitivamente, como um fato simultâneo. Quem conseguir abismar-se neste fato, eternamente presente, não correrá risco de ser vítima de "distrações" ou "divagações" mentais. Assiste à anunciação, ouve as palavras que o arauto celeste diz à Virgem, isto é, à própria alma, e diz silenciosamente a si mesmo: a luz divina do eterno *Lógos* desce às trevas de minha alma, e as trevas não a extinguiram, mas se iluminaram com essa luz, e eu me torno luz da sua luz, assim como um cristal, quando penetrado dos raios solares, é totalmente lucificado por essa luz, parecendo puríssima luz e nada mais. Assim sou eu, sob o impacto do divino *Lógos*, que, neste momento, se faz carne em mim... Eis aqui a serva do Senhor!... Faça-se em mim segundo o teu verbo!...

Se o meditante conseguir abismar-se devidamente nessa fascinante realidade interna, da encarnação do eterno *Lógos* em seu Eu humano, não convém que prossiga na visualização dos outros centros nérveos, inferiores; é preferível que mantenha a consciência espiritual fixa e imobilizada nesse centro, enquanto essa focalização lhe der alimento espiritual, ainda que esse estado se prolongue por horas e dias inteiros. Passe para outros centros só no caso em que essa visualização deixe de ser fecunda e vitalizante.

2. Da medula alongada passará o meditante a visualizar o segundo centro da coluna vertebral, que é o *cervical*, símbolo da Inteligência, situado à altura da nuca: é o "Atlas" da mitologia, personificado naquele gigante que carregava a esfera celeste sobre essa vértebra, curvado sob o enorme peso, porém vitorioso pela estupenda força mental. Diz o divo Platão que, entre os habitantes da Atlântida, prevalecera esta força mental sobre a força espiritual ("Lúcifer" derrotando "Lógos", em nossa terminologia filosófica), razão por que o lendário continente desses lucíferos humanos se desintegrou e desapareceu da face do globo.

Para preservar o dispersivo Atlas do intelecto dessa funesta desintegração, canalizemos a luz crística do "olho simples" para dentro dele. Para este fim podemos visualizar intensamente (não analisar) a conhecida cena da tentação no deserto, na qual Lúcifer confronta *Lógos*, procurando convencê-lo de que a redenção do homem possa ser realizada pela força da Inteligência. As sugestões de converter pedra em pão, de se lançar do alto do pináculo do templo, de tomar posse de todos os reinos do mundo e sua glória — que é isto senão uma deslumbrante acrobacia mental? Chega o tentador ao ponto de exigir do Espírito divino encarnado em Jesus que se prostre aos pés do Intelecto e o adore como suprema divindade do Universo.

Mas eis que, após a derrota da Inteligência satanizada, aparecem outras Inteligências, harmonizadas com o espírito divino, os "anjos", isto é, "mensageiros" e executores da vontade de Deus, e espontaneamente servem ao Cristo.

Visualizando intensamente esse triunfo do Espírito sobre o Intelecto e a espontânea integração deste naquele, pode o meditante passar horas inteiras com a consciência focalizada nesta verdade, o que produzirá nele uma sintonização espiritual-mental, uma progressiva cristificação do ego humano.

"Só a Deus adorarás e só a ele darás culto."

3. O centro afetivo, *dorsal*, cujo plexo corresponde ao coração, tem a sua esplêndida concretização na história do "bom samaritano", o qual revelou a profundeza do seu amor divino na largueza da sua humana caridade. Focalizar a antena afetiva — que os orientais chamam *bhakti* — e canalizar para dentro dela as luzes e forças do Cristo interno, simbolizado pelo "olho simples", é uma prática de kriya-ioga que satura da intensa verticalidade do "primeiro mandamento" à vasta horizontalidade do "segundo mandamento". E, assim, a caridade

deixa de ser simples filantropia, altruísmo moral, transformando-se em um profundo amor místico--ético.

Neste, como em todos os outros processos de focalização espiritual, não deve haver nenhum estudo analítico sucessivo da inteligência, mas tão somente uma intensa visualização intuitiva simultânea da razão espiritual, uma vivência íntima, uma experiência vital.

4. O centro *lombar*, cujo reflexo é o plexo solar, situado quase à altura do umbigo, responde a tudo que se relaciona com o senso de possessividade ou cobiça de bens materiais. Essa cobiça do *meu* nasce com a origem do *eu* mental, e morre com o nascimento do Eu espiritual. O eu mental, que costumamos chamar *ego*, é fraco e necessita ser fortalecido artificialmente por bens materiais. Essa necessidade de possuirmos bens materiais nasce de um sentimento de insegurança interior, que procura compensação por meio de uma segurança exterior; e como o dinheiro representa concentradamente todos os valores materiais da terra, a nossa possessividade se centraliza na aquisição da maior quantidade possível de dinheiro. A mania de fazermos "seguros de vida" é prova de que não nos sentimos seguros na vida, e tentamos escorar de todos os modos o vacilante edifício da nossa insegurança. A consciência físico-mental faculta-nos ver a nossa insegurança, que o animal não percebe, mas não é suficiente para neutralizar essa insegurança.

O desejo da posse de bens materiais é inversamente proporcional à consciência de uma segurança interna; esses bens funcionam como escoras, muletas, andaimes.

Ninguém conserva o andaime ao redor de um edifício terminado.

Ninguém escora o que está firme.

Ninguém anda de muletas quando tem perfeita saúde.

Andaimes, escoras, muletas são indício de estados incompletos ou defeituosos.

No momento em que aquele pequeno e grande coletor-mor de Jericó, Zaqueu, sentiu a segurança interna conferida pela presença do Cristo em sua casa e em sua alma, experimentou ele imensa vontade de se libertar dos símbolos da sua segurança ou pseudo-segurança externa, que o traziam escravizado, e declarou jubilosamente que ia restituir quatro vezes mais do que havia roubado e, além disso, daria metade da sua fortuna aos pobres.

Recebera segurança espiritual, e podia dispensar as seguranças materiais, porque quem possui o *mais* pode abrir mão do *menos*, na certeza de que não perde, uma vez que este está contido naquele. Todos os seguros de vida que Zaqueu construíra no vasto campo da sua insegurança desabaram no mesmo instante em que o grande "seguro de vida" surgiu das profundezas de sua alma. "Hoje entrou a salvação nesta casa..."

5. Maria de Magdala, "possessa de sete demônios", pode ser considerada como exemplo clássico de uma pessoa dominada pelas trevas da luxúria e liberta pela luz do "olho crístico". Os seus muitos pecados foram-lhe perdoados, porque muito amou.

6. O último dos seis centros da coluna vertebral é o *cóccix*, que é a sede do inconsciente e do subconsciente. É dessa zona, ramificada pelo corpo, que emanam sem cessar grandes forças para dentro das regiões conscientes da personalidade humana. É nas trevas desse misterioso "ínfero" que se ocultam as energias de *kundalini*, a serpente enroscada, como as espirais de aço de uma mola de relógio, cujo silêncio é força e cuja tensão representa uma potência de incalculáveis possibilidades. É aqui que se embebem no solo as raízes da "árvore do conhecimento do bem e do mal".

A zona subconsciente é o habitat das entidades *elementais* e *astrais*, das forças invisíveis, que no Evangelho aparecem como *demônios*; são seres infra-humanos, semiconscientes, eticamente irresponsáveis. Agem por simples instinto de conservação e como não possuem corpo de matéria densa como os humanos, têm a tendência de se instalarem em organismos materiais, humanos ou mesmo animais, para terem consciência mais nítida da sua precária individualidade.

O Cristo, como diz o Credo apostólico, "desceu aos infernos", às regiões dos elementais, talvez para lhes facultar o primeiro passo para a sua redenção.

O discípulo de kriya-ioga sabe que, no indivíduo humano, existe a possibilidade de redenção crística para essas zonas subconscientes do ego; e ele sabe como fazer descer o Cristo aos "infernos", focalizando para dentro das trevas a "luz do mundo", na certeza de que as trevas não a extinguirão.

* * *

Depois que o divino *Lógo*s se encarnou e percorreu toda a escala descensional da sua voluntária humanização; depois que foi crucificado, morto e sepultado nos centros inferiores; depois que "desceu aos infernos" da ínfima zona existencial, através do reino de *kundalini* e dos elementais — ressuscita ele e sobe aos céus...

O Verbo se fez carne para que a carne se possa fazer Verbo...

O Espírito se materializa para que a matéria se espiritualize...

"Encarnação e Ressurreição, Ascensão..."

O divino *Lógos* inicia o seu itinerário redentor... Desce pelas penumbras e trevas até à meia-noite do cóccix... Daí sobe pelo sacro, pela lombar, pela dorsal, pela cervical, até à medula alongada... Atinge a plenitude da luz no "olho simples" da luz incolor crística e faz girar ao redor de seu grande sol a "luz do mundo", todos os planetas por ele iluminados...

"E haverá um novo céu e uma nova terra..."

O verdadeiro iniciado compreenderá o grande "simbolizado" que se oculta por detrás desses pequenos "símbolos..."

"Quem puder compreendê-lo, compreenda-o!..."

Dados biográficos

Huberto Rohden

Nasceu na antiga região de Tubarão, hoje São Ludgero, Santa Catarina, Brasil em 1893. Fez estudos no Rio Grande do Sul. Formou-se em Ciências, Filosofia e Teologia em universidades da Europa — Innsbruck (Áustria), Valkenburg (Holanda) e Nápoles (Itália).

De regresso ao Brasil, trabalhou como professor, conferencista e escritor. Publicou mais de 65 obras sobre ciência, filosofia e religião, entre as quais várias foram traduzidas para outras línguas, inclusive para o esperanto; algumas existem em braile, para institutos de cegos.

Rohden não era filiado a nenhuma igreja, seita ou partido político. Fundou e dirigiu o movimento filosófico e espiritual Alvorada.

De 1945 a 1946 teve uma bolsa de estudos para pesquisas científicas, na Universidade de Princeton, New Jersey (Estados Unidos), onde conviveu com Albert Einstein e lançou os alicerces para o movimento de âmbito mundial da Filosofia Univérsica, tomando por base do pensamento e da vida humana a constituição do próprio Universo, evidenciando a afinidade entre Matemática, Metafísica e Mística.

Em 1946, Huberto Rohden foi convidado pela American University, de Washington, D.C., para reger as cátedras de Filosofia Universal e de Religiões Comparadas, cargo este que exerceu durante cinco anos.

Durante a última Guerra Mundial foi convidado pelo Bureau of Inter-American Affairs, de Washington, para fazer parte do corpo de tradutores das notícias de guerra, do inglês para o português. Ainda na American University, de Washington, fundou o Brazilian Center, centro cultural brasileiro, com o fim de manter intercâmbio cultural entre o Brasil e os Estados Unidos.

Na capital dos Estados Unidos, Rohden frequentou, durante três anos, o Golden Lotus Temple, onde foi iniciado em Kriya-Ioga por Swami Premananda, diretor hindu desse *ashram*.

Ao fim de sua permanência nos Estados Unidos, Huberto Rohden foi convidado para fazer parte do corpo docente da nova International Christian

University (ICU) de Metaka, Japão, a fim de reger as cátedras de Filosofia Universal e Religiões Comparadas; mas, por causa da guerra na Coreia, a universidade japonesa não foi inaugurada, e Rohden regressou ao Brasil. Em São Paulo, foi nomeado professor de Filosofia na Universidade Mackenzie, cargo do qual não tomou posse.

Em 1952, fundou em São Paulo a Instituição Cultural e Beneficente Alvorada, onde mantinha cursos permanentes em São Paulo, Rio de Janeiro e Goiânia, sobre Filosofia Univérsica e Filosofia do Evangelho, e dirigia Casas de Retiro Espiritual (*ashrams*) em diversos estados do Brasil.

Em 1969, Huberto Rohden empreendeu viagens de estudo e experiência espiritual pela Palestina, Egito, Índia e Nepal, realizando diversas conferências com grupos de iogues na Índia.

Em 1976, Rohden foi chamado a Portugal para fazer conferências sobre autoconhecimento e autorrealização. Em Lisboa fundou um setor do Centro de Autorrealização Alvorada.

Nos últimos anos, Rohden residia na capital de São Paulo, onde permanecia alguns dias da semana escrevendo e reescrevendo seus livros, nos textos definitivos. Costumava passar três dias da semana no *ashram*, em contato com a natureza, plantando árvores, flores ou trabalhando no seu apiário-modelo.

Quando estava na capital, Rohden frequentava periodicamente a editora responsável pela publicação de seus livros, dando-lhe orientação cultural e inspiração.

À zero hora do dia 8 de outubro de 1981, após longa internação em uma clínica naturista de São Paulo, aos 87 anos, o professor Huberto Rohden partiu deste mundo e do convívio de seus amigos e discípulos. Suas últimas palavras em estado consciente foram: "Eu vim para servir à humanidade".

Rohden deixa, para as gerações futuras, um legado cultural e um exemplo de fé e trabalho somente comparados aos dos grandes homens do século XX.

Huberto Rohden é o principal editando da Editora Martin Claret.

Relação de obras do Prof. Huberto Rohden

Coleção Filosofia Universal

O pensamento filosófico da Antiguidade
A filosofia contemporânea
O espírito da filosofia oriental

Coleção Filosofia do Evangelho

Filosofia cósmica do Evangelho
O Sermão da Montanha
Assim dizia o Mestre
O triunfo da vida sobre a morte
O nosso Mestre

Coleção Filosofia da Vida

De alma para alma
Ídolos ou ideal?
Escalando o Himalaia
O caminho da felicidade
Deus

Em espírito e verdade
Em comunhão com Deus
Cosmorama
Por que sofremos
Lúcifer e Lógos
A grande libertação
Bhagavad Gita (tradução)
Setas para o Infinito
Entre dois mundos
Minhas vivências na Palestina, Egito e Índia
Filosofia da arte
A arte de curar pelo espírito. Autor: Joel Goldsmith (tradução)
Orientando para sua autorrealização
"Que vos parece do Cristo?"
Educação do homem integral
Dias de grande paz (tradução)
O drama milenar do Cristo e do anti-Cristo
Luzes e sombras da alvorada
Roteiro cósmico
A metafísica do cristianismo
A voz do silêncio
Tao Te Ching de Lao-tse (tradução) — ilustrado
Sabedoria das parábolas
O 5º Evangelho segundo Tomé (tradução)
A nova humanidade
A mensagem viva do Cristo (Os quatro Evangelhos — tradução)
Rumo à consciência cósmica
O homem
Estratégias de Lúcifer

O homem e o Universo
Imperativos da vida
Profanos e iniciados
Novo Testamento
Lampejos evangélicos
O Cristo cósmico e os essênios
A experiência cósmica

Coleção Mistérios da Natureza

Maravilhas do Universo
Alegorias
Ísis
Por mundos ignotos

Coleção Biografias

Paulo de Tarso
Agostinho
Por um ideal — 2 vols. — autobiografia
Mahatma Gandhi — ilustrado
Jesus Nazareno — 2 vols.
Einstein — O enigma da Matemática — ilustrado
Pascal — ilustrado
Myriam

Coleção Opúsculos

Saúde e felicidade pela cosmomeditação
Catecismo da filosofia
Assim dizia Mahatma Gandhi (100 pensamentos)

Aconteceu entre 2000 e 3000
Ciência, milagre e oração são compatíveis?
Centros de Autorrealização

305. CATEGORIAS
Aristóteles

306. MANON LESCAUT
Abade Prévost

307. TEOGONIA /
TRABALHO E DIAS
Hesíodo

308. AS VÍTIMAS-ALGOZES
Joaquim Manuel de Macedo

309. PERSUASÃO
Jane Austen

310. AGOSTINHO - Huberto Rohden

311. ROTEIRO CÓSMICO
Huberto Rohden

312. A QUEDA DUM ANJO
Camilo Castelo Branco

313. O CRISTO CÓSMICO E OS
ESSÊNIOS - Huberto Rohden

314. METAFÍSICA DO CRISTIANISMO
Huberto Rohden

315. REI ÉDIPO - Sófocles

316. LIVRO DOS PROVÉRBIOS
Salomão

317. HISTÓRIAS DE HORROR
Howard Phillips Lovecraft

318. O LADRÃO DE CASACA
Maurice Leblanc

319. TIL
José de Alencar

SÉRIE OURO
(Livros com mais de 400 p.)

1. LEVIATÃ
Thomas Hobbes

2. A CIDADE ANTIGA
Fustel de Coulanges

3. CRÍTICA DA RAZÃO PURA
Immanuel Kant

4. CONFISSÕES
Santo Agostinho

5. OS SERTÕES
Euclides da Cunha

6. DICIONÁRIO FILOSÓFICO
Voltaire

7. A DIVINA COMÉDIA
Dante Alighieri

8. ÉTICA DEMONSTRADA À
MANEIRA DOS GEÔMETRAS
Baruch de Spinoza

9. DO ESPÍRITO DAS LEIS
Montesquieu

10. O PRIMO BASÍLIO
Eça de Queirós

11. O CRIME DO PADRE AMARO
Eça de Queirós

12. CRIME E CASTIGO
Dostoiévski

13. FAUSTO
Goethe

14. O SUICÍDIO
Émile Durkheim

15. ODISSEIA
Homero

16. PARAÍSO PERDIDO
John Milton

17. DRÁCULA
Bram Stoker

18. ILÍADA
Homero

19. AS AVENTURAS DE
HUCKLEBERRY FINN
Mark Twain

20. PAULO – O 13º APÓSTOLO
Ernest Renan

21. ENEIDA
Virgílio

22. PENSAMENTOS
Blaise Pascal

23. A ORIGEM DAS ESPÉCIES
Charles Darwin

24. VIDA DE JESUS
Ernest Renan

25. MOBY DICK
Herman Melville

26. OS IRMÃOS KARAMAZOVI
Dostoiévski

27. O MORRO DOS VENTOS
UIVANTES
Emily Brontë

28. VINTE MIL LÉGUAS
SUBMARINAS
Júlio Verne

29. MADAME BOVARY
Gustave Flaubert

30. O VERMELHO E O NEGRO
Stendhal

31. OS TRABALHADORES DO MAR
Victor Hugo

32. A VIDA DOS DOZE CÉSARES
Suetônio

33. O MOÇO LOIRO
Joaquim Manuel de Macedo

34. O IDIOTA
Dostoiévski

35. PAULO DE TARSO
Huberto Rohden

36. O PEREGRINO
John Bunyan

37. AS PROFECIAS
Nostradamus

38. NOVO TESTAMENTO
Huberto Rohden

39. O CORCUNDA DE NOTRE DAME
Victor Hugo

40. ARTE DE FURTAR
Anônimo do século XVII

41. GERMINAL
Émile Zola

42. FOLHAS DE RELVA
Walt Whitman

43. BEN-HUR — UMA HISTÓRIA
DOS TEMPOS DE CRISTO
Lew Wallace

44. OS MAIAS
Eça de Queirós

45. O LIVRO DA MITOLOGIA
Thomas Bulfinch

46. OS TRÊS MOSQUETEIROS
Alexandre Dumas

47. POESIA DE
ÁLVARO DE CAMPOS
Fernando Pessoa

48. JESUS NAZARENO
Huberto Rohden

49. GRANDES ESPERANÇAS
Charles Dickens

50. A EDUCAÇÃO SENTIMENTAL
Gustave Flaubert

51. O CONDE DE MONTE CRISTO
(VOLUME I)
Alexandre Dumas

52. O CONDE DE MONTE CRISTO
(VOLUME II)
Alexandre Dumas

53. OS MISERÁVEIS (VOLUME I)
Victor Hugo

54. OS MISERÁVEIS (VOLUME II)
Victor Hugo

55. DOM QUIXOTE DE
LA MANCHA (VOLUME I)
Miguel de Cervantes

56. DOM QUIXOTE DE
LA MANCHA (VOLUME II)
Miguel de Cervantes

57. AS CONFISSÕES
Jean-Jacques Rousseau

58. CONTOS ESCOLHIDOS
Artur Azevedo

59. AS AVENTURAS DE ROBIN HOOD
Howard Pyle

60. MANSFIELD PARK
Jane Austen

202. Maquiavel, o Poder
    José Nivaldo Junior

203. Ressurreição
    Machado de Assis

204. O Caminho da Felicidade
    Huberto Rohden

205. A Velhice do Padre Eterno
    Guerra Junqueiro

206. O Sertanejo
    José de Alencar

207. Gitanjali
    Rabindranath Tagore

208. Senso Comum
    Thomas Paine

209. Canaã
    Graça Aranha

210. O Caminho Infinito
    Joel S. Goldsmith

211. Pensamentos
    Epicuro

212. A Letra Escarlate
    Nathaniel Hawthorne

213. Autobiografia
    Benjamin Franklin

214. Memórias de
    Sherlock Holmes
    Sir Arthur Conan Doyle

215. O Dever do Advogado /
    Posse de Direitos Pessoais
    Rui Barbosa

216. O Tronco do Ipê
    José de Alencar

217. O Amante de Lady
    Chatterley
    D. H. Lawrence

218. Contos Amazônicos
    Inglês de Souza

219. A Tempestade
    William Shakespeare

220. Ondas
    Euclides da Cunha

221. Educação do Homem
    Integral
    Huberto Rohden

222. Novos Rumos para a
    Educação
    Huberto Rohden

223. Mulherzinhas
    Louise May Alcott

224. A Mão e a Luva
    Machado de Assis

225. A Morte de Ivan Ilicht
    / Senhores e Servos
    Leon Tolstói

226. Álcoois e Outros Poemas
    Apollinaire

227. Pais e Filhos
    Ivan Turguêniev

228. Alice no País das
    Maravilhas
    Lewis Carroll

229. À Margem da História
    Euclides da Cunha

230. Viagem ao Brasil
    Hans Staden

231. O Quinto Evangelho
    Tomé

232. Lorde Jim
    Joseph Conrad

233. Cartas Chilenas
    Tomás Antônio Gonzaga

234. Odes Modernas
    Anntero de Quental

235. Do Cativeiro Babilônico
    da Igreja
    Martinho Lutero

236. O Coração das Trevas
    Joseph Conrad

237. Thais
    Anatole France

238. Andrômaca / Fedra
    Racine

239. As Catilinárias
    Cícero

240. Recordações da Casa
    dos Mortos
    Dostoiévski

241. O Mercador de Veneza
    William Shakespeare

242. A Filha do Capitão /
    A Dama de Espadas
    Aleksandr Púchkin

243. Orgulho e Preconceito
    Jane Austen

244. A Volta do Parafuso
    Henry James

245. O Gaúcho
    José de Alencar

246. Tristão e Isolda
    Lenda Medieval Celta de Amor

247. Poemas Completos de
    Alberto Caeiro
    Fernando Pessoa

248. Maiakóvski
    Vida e Poesia

249. Sonetos
    William Shakespeare

250. Poesia de Ricardo Reis
    Fernando Pessoa

251. Papéis Avulsos
    Machado de Assis

252. Contos Fluminenses
    Machado de Assis

253. O Bobo
    Alexandre Herculano

254. A Oração da Coroa
    Demóstenes

255. O Castelo
    Franz Kafka

256. O Trovejar do Silêncio
    Joel S. Goldsmith

257. Alice na Casa dos Espelhos
    Lewis Carrol

258. Miséria da Filosofia
    Karl Marx

259. Júlio César
    William Shakespeare

260. Antônio e Cleópatra
    William Shakespeare

261. Filosofia da Arte
    Huberto Rohden

262. A Alma Encantadora
    das Ruas
    João do Rio

263. A Normalista
    Adolfo Caminha

264. Pollyanna
    Eleanor H. Porter

265. As Pupilas do Senhor Reitor
    Júlio Diniz

266. As Primaveras
    Casimiro de Abreu

267. Fundamentos do Direito
    Léon Duguit

268. Discursos de Metafísica
    G. W. Leibniz

269. Sociologia e Filosofia
    Emile Durkheim

270. Cancioneiro
    Fernando Pessoa

271. A Dama das Camélias
    Alexandre Dumas (filho)

272. O Divórcio /
    As Bases da Fé /
    e outros textos
    Rui Barbosa

273. Pollyanna Moça
    Eleanor H. Porter

274. O 18 Brumário de
    Luís Bonaparte
    Karl Marx

275. Teatro de Machado de Assis
    Antologia

276. Cartas Persas
    Montesquieu

277. Em Comunhão com Deus
    Huberto Rohden

278. Razão e Sensibilidade
    Jane Austen

279. Crônicas Selecionadas
    Machado de Assis

280. Histórias da Meia-Noite
    Machado de Assis

281. Cyrano de Bergerac
    Edmond Rostand

282. O Maravilhoso Mágico de Oz
    L. Frank Baum

283. Trocando Olhares
    Florbela Espanca

284. O Pensamento Filosófico
    da Antiguidade
    Huberto Rohden

285. Filosofia Contemporânea
    Huberto Rohden

286. O Espírito da Filosofia
    Oriental
    Huberto Rohden

287. A Pele do Lobo /
    O Badejo / O Dote
    Artur Azevedo

288. Os Bruzundangas
    Lima Barreto

289. A Pata da Gazela
    José de Alencar

290. O Vale do Terror
    Sir Arthur Conan Doyle

291. O Signo dos Quatro
    Sir Arthur Conan Doyle

292. As Máscaras do Destino
    Florbela Espanca

293. A Confissão de Lúcio
    Mário de Sá-Carneiro

294. Falenas
    Machado de Assis

295. O Uraguai /
    A Desclamação Trágica
    Basílio da Gama

296. Crisálidas
    Machado de Assis

297. Americanas
    Machado de Assis

298. A Carteira de Meu Tio
    Joaquim Manuel de Macedo

299. Catecismo da Filosofia
    Huberto Rohden

300. Apologia de Sócrates
    Platão (Edição bilingue)

301. Rumo à Consciência Cósmica
    Huberto Rohden

302. Cosmoterapia
    Huberto Rohden

303. Bodas de Sangue
    Federico García Lorca

304. Discurso da Servidão
    Voluntária
    Étienne de La Boétie

99. ÉDIPO REI/ANTÍGONA
    Sófocles
100. LUCÍOLA
    José de Alencar
101. AS AVENTURAS DE
    SHERLOCK HOLMES
    Sir Arthur Conan Doyle
102. BOM-CRIOULO
    Adolfo Caminha
103. HELENA
    Machado de Assis
104. POEMAS SATÍRICOS
    Gregório de Matos
105. ESCRITOS POLÍTICOS /
    A ARTE DA GUERRA
    Maquiavel
106. UBIRAJARA
    José de Alencar
107. DIVA
    José de Alencar
108. EURICO, O PRESBÍTERO
    Alexandre Herculano
109. OS MELHORES CONTOS
    Lima Barreto
110. A LUNETA MÁGICA
    Joaquim Manuel de Macedo
111. FUNDAMENTAÇÃO DA METAFÍSICA
    DOS COSTUMES E OUTROS
    ESCRITOS
    Immanuel Kant
112. O PRÍNCIPE E O MENDIGO
    Mark Twain
113. O DOMÍNIO DE SI MESMO PELA
    AUTO-SUGESTÃO CONSCIENTE
    Emile Coué
114. O MULATO
    Aluísio Azevedo
115. SONETOS
    Florbela Espanca
116. UMA ESTADIA NO INFERNO /
    POEMAS / CARTA DO VIDENTE
    Arthur Rimbaud
117. VÁRIAS HISTÓRIAS
    Machado de Assis
118. FÉDON
    Platão
119. POESIAS
    Olavo Bilac
120. A CONDUTA PARA A VIDA
    Ralph Waldo Emerson
121. O LIVRO VERMELHO
    Mao Tsé-Tung
122. ORAÇÃO AOS MOÇOS
    Rui Barbosa
123. OTELO, O MOURO DE VENEZA
    William Shakespeare
124. ENSAIOS
    Ralph Waldo Emerson
125. DE PROFUNDIS / BALADA
    DO CÁRCERE DE READING
    Oscar Wilde
126. CRÍTICA DA RAZÃO PRÁTICA
    Immanuel Kant
127. A ARTE DE AMAR
    Ovídio Naso
128. O TARTUFO OU O IMPOSTOR
    Molière
129. METAMORFOSES
    Ovídio Naso
130. A GAIA CIÊNCIA
    Friedrich Nietzsche
131. O DOENTE IMAGINÁRIO
    Molière
132. UMA LÁGRIMA DE MULHER
    Aluísio Azevedo
133. O ÚLTIMO ADEUS DE
    SHERLOCK HOLMES
    Sir Arthur Conan Doyle
134. CANUDOS - DIÁRIO DE UMA
    EXPEDIÇÃO
    Euclides da Cunha
135. A DOUTRINA DE BUDA
    Siddharta Gautama
136. TAO TE CHING
    Lao-Tsé
137. DA MONARQUIA / VIDA NOVA
    Dante Alighieri
138. A BRASILEIRA DE PRAZINS
    Camilo Castelo Branco
139. O VELHO DA HORTA/QUEM TEM
    FARELOS?/AUTO DA ÍNDIA
    Gil Vicente
140. O SEMINARISTA
    Bernardo Guimarães
141. O ALIENISTA / CASA VELHA
    Machado de Assis
142. SONETOS
    Manuel du Bocage
143. O MANDARIM
    Eça de Queirós
144. NOITE NA TAVERNA / MACÁRIO
    Alvares de Azevedo
145. VIAGENS NA MINHA TERRA
    Almeida Garrett
146. SERMÕES ESCOLHIDOS
    Padre Antonio Vieira
147. OS ESCRAVOS
    Castro Alves
148. O DEMÔNIO FAMILIAR
    José de Alencar
149. A MANDRÁGORA /
    BELFAGOR, O ARQUIDIABO
    Maquiavel
150. O HOMEM
    Aluísio Azevedo
151. ARTE POÉTICA
    Aristóteles
152. A MEGERA DOMADA
    William Shakespeare
153. ALCESTE/ELECTRA/HIPÓLITO
    Eurípedes
154. O SERMÃO DA MONTANHA
    Huberto Rohden
155. O CABELEIRA
    Franklin Távora
156. RUBÁIYÁT
    Omar Khayyám
157. LUZIA-HOMEM
    Domingos Olímpio
158. A CIDADE E AS SERRAS
    Eça de Queirós
159. A RETIRADA DA LAGUNA
    Visconde de Taunay
160. A VIAGEM AO CENTRO DA TERRA
    Júlio Verne
161. CARAMURU
    Frei Santa Rita Durão
162. CLARA DOS ANJOS
    Lima Barreto
163. MEMORIAL DE AIRES
    Machado de Assis
164. BHAGAVAD GITA
    Krishna
165. O PROFETA
    Khalil Gibran
166. AFORISMOS
    Hipócrates
167. KAMA SUTRA
    Vatsyayana
168. HISTÓRIAS DE MOWGLI
    Rudyard Kipling
169. DE ALMA PARA ALMA
    Huberto Rohden
170. ORAÇÕES
    Cícero
171. SABEDORIA DAS PARÁBOLAS
    Huberto Rohden
172. SALOMÉ
    Oscar Wilde
173. DO CIDADÃO
    Thomas Hobbes
174. PORQUE SOFREMOS
    Huberto Rohden
175. EINSTEIN: O ENIGMA DO UNIVERSO
    Huberto Rohden
176. A MENSAGEM VIVA DO CRISTO
    Huberto Rohden
177. MAHATMA GANDHI
    Huberto Rohden
178. A CIDADE DO SOL
    Tommaso Campanella
179. SETAS PARA O INFINITO
    Huberto Rohden
180. A VOZ DO SILÊNCIO
    Helena Blavatsky
181. FREI LUÍS DE SOUSA
    Almeida Garrett
182. FÁBULAS
    Esopo
183. CÂNTICO DE NATAL/
    OS CARRILHÕES
    Charles Dickens
184. CONTOS
    Eça de Queirós
185. O PAI GORIOT
    Honoré de Balzac
186. NOITES BRANCAS
    E OUTRAS HISTÓRIAS
    Dostoiévski
187. MINHA FORMAÇÃO
    Joaquim Nabuco
188. PRAGMATISMO
    William James
189. DISCURSOS FORENSES
    Enrico Ferri
190. MEDEIA
    Eurípedes
191. DISCURSOS DE ACUSAÇÃO
    Enrico Ferri
192. A IDEOLOGIA ALEMÃ
    Marx & Engels
193. PROMETEU ACORRENTADO
    Esquilo
194. IAIÁ GARCIA
    Machado de Assis
195. DISCURSOS NO INSTITUTO DOS
    ADVOGADOS BRASILEIROS /
    DISCURSO NO COLÉGIO
    ANCHIETA
    Rui Barbosa
196. ÉDIPO EM COLONO
    Sófocles
197. A ARTE DE CURAR PELO ESPÍRITO
    Joel S. Goldsmith
198. JESUS, O FILHO DO HOMEM
    Khalil Gibran
199. DISCURSO SOBRE A ORIGEM E
    OS FUNDAMENTOS DA DESIGUAL-
    DADE ENTRE OS HOMENS
    Jean-Jacques Rousseau
200. FÁBULAS
    La Fontaine
201. O SONHO DE UMA NOITE
    DE VERÃO
    William Shakespeare

Relação dos Volumes Publicados

1. Dom Casmurro
Machado de Assis
2. O Príncipe
Maquiavel
3. Mensagem
Fernando Pessoa
4. O Lobo do Mar
Jack London
5. A Arte da Prudência
Baltasar Gracián
6. Iracema / Cinco Minutos
José de Alencar
7. Inocência
Visconde de Taunay
8. A Mulher de 30 Anos
Honoré de Balzac
9. A Moreninha
Joaquim Manuel de Macedo
10. A Escrava Isaura
Bernardo Guimarães
11. As Viagens - "Il Milione"
Marco Polo
12. O Retrato de Dorian Gray
Oscar Wilde
13. A Volta ao Mundo em 80 Dias
Júlio Verne
14. A Carne
Júlio Ribeiro
15. Amor de Perdição
Camilo Castelo Branco
16. Sonetos
Luís de Camões
17. O Guarani
José de Alencar
18. Memórias Póstumas de Brás Cubas
Machado de Assis
19. Lira dos Vinte Anos
Álvares de Azevedo
20. Apologia de Sócrates / Banquete
Platão
21. A Metamorfose/Um Artista da Fome/Carta ao Pai
Franz Kafka
22. Assim Falou Zaratustra
Friedrich Nietzsche
23. Triste Fim de Policarpo Quaresma
Lima Barreto
24. A Ilustre Casa de Ramires
Eça de Queirós
25. Memórias de um Sargento de Milícias
Manuel Antônio de Almeida
26. Robinson Crusoé
Daniel Defoe
27. Espumas Flutuantes
Castro Alves
28. O Ateneu
Raul Pompeia
29. O Noviço / O Juiz de Paz da Roça / Quem Casa Quer Casa
Martins Pena
30. A Relíquia
Eça de Queirós
31. O Jogador
Dostoiévski
32. Histórias Extraordinárias
Edgar Allan Poe
33. Os Lusíadas
Luís de Camões
34. As Aventuras de Tom Sawyer
Mark Twain
35. Bola de Sebo e Outros Contos
Guy de Maupassant
36. A República
Platão
37. Elogio da Loucura
Erasmo de Rotterdam
38. Caninos Brancos
Jack London
39. Hamlet
William Shakespeare
40. A Utopia
Thomas More
41. O Processo
Franz Kafka
42. O Médico e o Monstro
Robert Louis Stevenson
43. Ecce Homo
Friedrich Nietzsche
44. O Manifesto do Partido Comunista
Marx e Engels
45. Discurso do Método / Regras para a Direção do Espírito
René Descartes
46. Do Contrato Social
Jean-Jacques Rousseau
47. A Luta pelo Direito
Rudolf von Ihering
48. Dos Delitos e das Penas
Cesare Beccaria
49. A Ética Protestante e o Espírito do Capitalismo
Max Weber
50. O Anticristo
Friedrich Nietzsche
51. Os Sofrimentos do Jovem Werther
Goethe
52. As Flores do Mal
Charles Baudelaire
53. Ética a Nicômaco
Aristóteles
54. A Arte da Guerra
Sun Tzu
55. Imitação de Cristo
Tomás de Kempis
56. Cândido ou o Otimismo
Voltaire
57. Rei Lear
William Shakespeare
58. Frankenstein
Mary Shelley
59. Quincas Borba
Machado de Assis
60. Fedro
Platão
61. Política
Aristóteles
62. A Viuvinha / Encarnação
José de Alencar
63. As Regras do Método Sociológico
Emile Durkheim
64. O Cão dos Baskervilles
Sir Arthur Conan Doyle
65. Contos Escolhidos
Machado de Assis
66. Da Morte / Metafísica do Amor / Do Sofrimento do Mundo
Arthur Schopenhauer
67. As Minas do Rei Salomão
Henry Rider Haggard
68. Manuscritos Econômico-Filosóficos
Karl Marx
69. Um Estudo em Vermelho
Sir Arthur Conan Doyle
70. Meditações
Marco Aurélio
71. A Vida das Abelhas
Maurice Materlinck
72. O Cortiço
Aluísio Azevedo
73. Senhora
José de Alencar
74. Brás, Bexiga e Barra Funda / Laranja da China
Antônio de Alcântara Machado
75. Eugênia Grandet
Honoré de Balzac
76. Contos Gauchescos
João Simões Lopes Neto
77. Esaú e Jacó
Machado de Assis
78. O Desespero Humano
Sören Kierkegaard
79. Dos Deveres
Cícero
80. Ciência e Política
Max Weber
81. Satíricon
Petrônio
82. Eu e Outras Poesias
Augusto dos Anjos
83. Farsa de Inês Pereira / Auto da Barca do Inferno / Auto da Alma
Gil Vicente
84. A Desobediência Civil e Outros Escritos
Henry David Toreau
85. Para Além do Bem e do Mal
Friedrich Nietzsche
86. A Ilha do Tesouro
R. Louis Stevenson
87. Marília de Dirceu
Tomás A. Gonzaga
88. As Aventuras de Pinóquio
Carlo Collodi
89. Segundo Tratado Sobre o Governo
John Locke
90. Amor de Salvação
Camilo Castelo Branco
91. Broquéis/Faróis/ Últimos Sonetos
Cruz e Souza
92. I-Juca-Pirama / Os Timbiras / Outros Poemas
Gonçalves Dias
93. Romeu e Julieta
William Shakespeare
94. A Capital Federal
Arthur Azevedo
95. Diário de um Sedutor
Sören Kierkegaard
96. Carta de Pero Vaz de Caminha a El-Rei Sobre o Achamento do Brasil
97. Casa de Pensão
Aluísio Azevedo
98. Macbeth
William Shakespeare